USED HOME

中古一戸建て本当にかしこい買い方・選び方

松本智治／西尾英樹 Tomoharu Matsumoto / Hideki Nishio

日本実業出版社

はじめに

「住宅の購入を検討しているけれど、新築と中古のどちらがいいのだろう？」
「中古の戸建てにしようと考えているが、新築に比べてちょっと不安がある」
「不動産業者はよい物件を紹介してくれるのだろうか……」
「大切な家族のためにも、資産性のある住宅を買いたい」

生涯における高額な買い物である住宅の購入を検討しはじめますと、夢や希望とともに、さまざまな疑問や不安も同時に出てくると思います。

私（松本智治）は、このように住宅購入を検討している方々に対し、購入すべきか、賃貸にしておいたほうがよいのか、購入するとしたらどのような住宅がよいのか、そして選別をする際のポイントはどこなのか、といった住まいの購入に関するアドバイスをしています。

その際、常にお伝えしているのは、

「住宅をかしこく購入することは、人生100年時代を見据えた生活設計になります。そして、どのような住宅でも買えばよいというものではなく、住宅の資産性という点に十分留意することがとても大事です」

ということです。

「住宅の資産性」とは、ひと言でいえば、売りたいときに相応な価格で売却ができるかどうかです。そのため、これからの住宅選びでは、「利便性」を犠牲にしてはならないと思います。

そこで、「中古住宅」が選択肢にあがってくるのです。

一戸建て（以下、本文中では「戸建て」と表記します）を選ぶにしても、マンションにするにしても、購入資金に余裕があるのであれば、利便性の高い場所に新築の住宅を購入すればよいと思います。

しかし、住宅にそれほど多くのお金を回せないのであれば、価格がこなれた中古戸建ては、利便性、資産性の面で非常に有利であるといえます。

一方で、中古の戸建ては、中古マンション以上に一般の方々にとっては不透明な部分が多く、建物はしっかり造られているのか、不動産仲介業者は信用できるのだろうか、といった不安があるのも事実です。

中古戸建ての流通があまり活発でないのは、そうした理由もあるでしょう。

本書は、中古戸建ての購入を選択肢に入れようと考えている方々の、そのような疑問や不安、課題にお答えするために執筆いたしました。

良質な住宅を探し、購入するためのエッセンスは、次のようなことであると考えます。

○良心的な不動産業者と付き合う
○質のよい住宅を見極める
○適切な資金計画を立てる
○価格について交渉する力と質問力をつける

要は、購入者自らが不動産業界特有の仕組みを理解し、自らができる最低限のチェック項目とそのチェック方法を知ること、そして、そのインプットした知識を実践するべく、適切な資金計画を立て、質問をし、価格交渉を行うことです。
ただし、これらを行うには、ある程度の専門知識や経験が必要になります。

本書は、少し専門的な部分もありますが、中古戸建ての購入を真剣に考えている方々に向けて、住宅のプロとしての経験から、とくに大事であると考えるポイントを紹介しています。

自分でできる建物のチェック方法、よい不動産業者の見つけ方、購入前に質問しておくべきこと、価格交渉のコツ、掘り出し物件の見つけ方、資金計画はどう考えたらよいのか？など、中古戸建てを購入する際に知っておくべきことを、できる限りわかりやすくお伝えするように心がけました。

読者の方が、よりよい中古の戸建て住宅を購入されるための手掛かりにしていただければ幸いです。

2018年6月

松本智治

○中古一戸建て　本当にかしこい買い方・選び方◉もくじ

第2章　掘り出しモノの中古一戸建てを見つけ出すポイント

第3章 購入後に後悔しないための チェック方法と住宅保証の知識

第4章 価格交渉のためのノウハウと安心選別のための質問力を磨く

第5章 「人生100年時代」を見据えた住まい購入の資金計画

第6章 中古一戸建てに関する国の政策やお金の基礎知識

本書の情報は2018年6月現在のものに基づいています。

装丁／EBranch冨澤崇
本文DTP／一企画
企画協力／ネクストサービス株式会社　松尾昭仁

第1章

中古戸建てをかしこく購入するために知っておくべきこと

1 新築がいいのか、中古がいいのか

○これから「住まい」はどうあるべきかを考えよう

日本における高齢化率は、先進国のなかでもトップ水準を保っています。

厚生労働省の調査によれば、2016年の日本人の平均寿命は女性で87・14歳、男性で80・98歳と、いずれも過去最高を更新しました。

左表の「日本人の平均寿命（1992〜2016年）」の推移によれば、過去25年間において日本人の平均寿命は男女ともに5歳ほど延びています。単純平均にはなりますが、毎年おおよそ0・2歳ずつ寿命が増えている計算になります。

今現在、30歳くらいの男性の平均寿命が90歳に達する時代が、やがてくることは想像に難くありません。

■日本人の平均寿命の推移（1992～2016年）

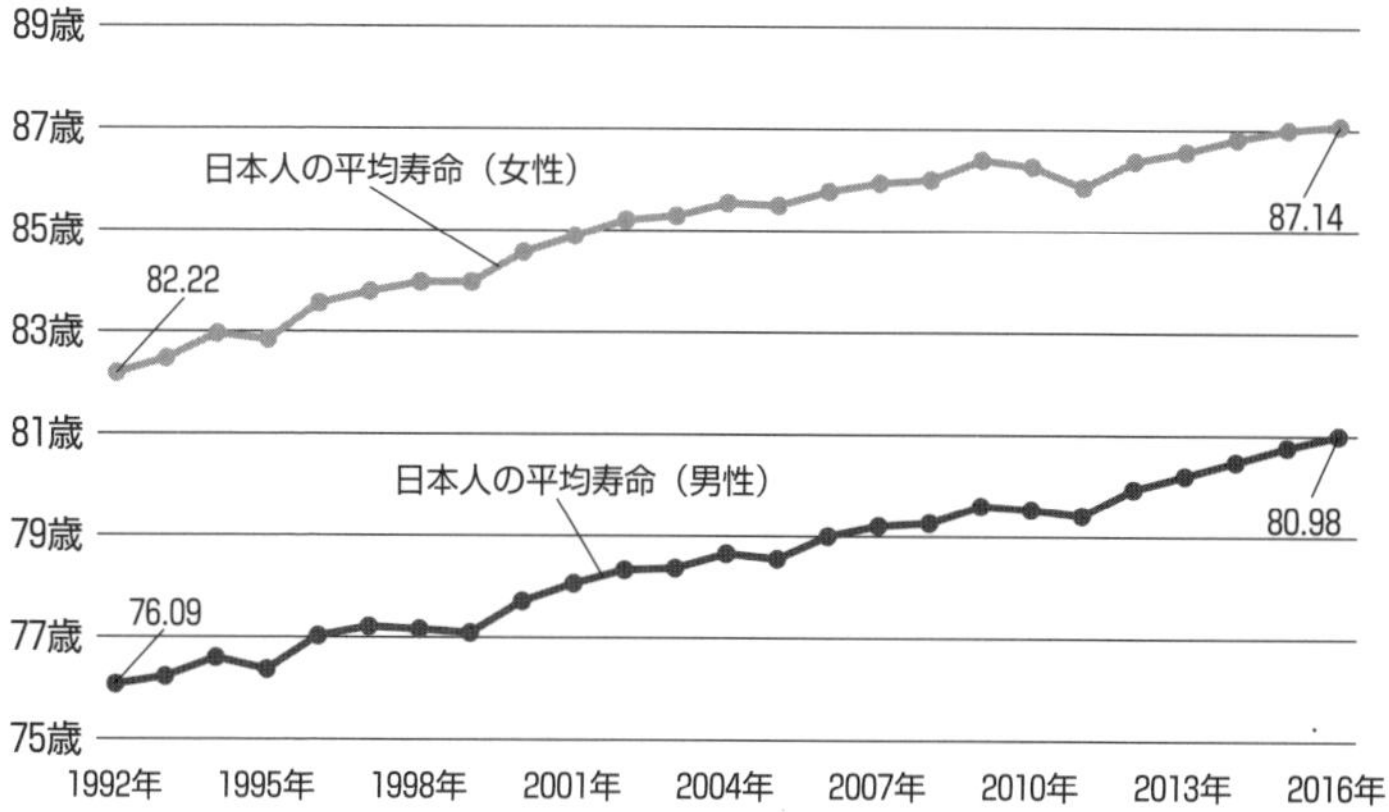

※厚生労働省資料より

このような時代を見据えて筆者（松本）は、住宅購入を検討している方に対して、住宅を購入すべきか、賃貸のほうがいいのか、そして購入する際はどのような住宅を選べばよいのか、選別のポイントなど、住まいの選択に関する相談を受けています。

そのうえで、「住宅をかしこく購入することは、人生１００年時代を見据えた生活設計になり得ます」とアドバイスをしています。

ですが、その際、**「どのような住宅でも買えばよいというものではなく、住宅の資産性という点に十分留意することがとても大事です」**とお伝えしています。

日本人の誰もが不安に感じる住宅費について、住まいはどうあるべきか。大まかに二つの要素があります。

一つは、将来、家族構成が変わったとき、あるいは老後において移住することも視野に入れ、**スムーズに住宅の買い替えまたは住み替えができる状態が望ましい**こと。

二つ目は、住宅の資産性に着目しつつ、必要な住まいに関する**資金計画について十分に考える**ことです。

これらの要素を十分に踏まえたうえで、検討すべき住まいとはどのようなものが最適かを考えます。

また、人生１００年時代における住まい選びは、なるべく退職金に頼らないで、住宅ローンの完済ができることも大事な要素となります。

つまり、家の買い替え、または住み替えがスムーズにできるよう、住宅の資産性について十分考慮することを念頭に置き、そのうえで、新築にするか中古にするのか、あるいは戸建てとマンションのどちらにするかの選別を行っていただきたいのです。

○「利便性」を犠牲にすると住宅の資産性を損なう

「資産性のある住宅を買いたい」

どなたも当然考えることでしょうが、実は、これまでの住宅購入は、これとはまったく逆の流れで購入に至ることが多かったのです。

これまでの住宅購入の流れとしては、なるべく間取りが広く、かつ、価格が妥当な住宅を求めて、郊外へ郊外へと探す範囲を広げ、さらには「やっぱり、買うなら新築がいい」と、利便性を犠牲にすることもある程度やむを得ないものとして、住宅の購入を決めていた傾向がありました（19ページ図参照）。

しかしながら今後は、何より**「利便性に優れる立地条件」が重要**なものとなります。

なぜかというと、利便性に関する条件を犠牲にしてしまうと、住宅の「資産性」を大いに損なうからです。**住宅の資産性とは、一言でいえば、売りたいときに相応な価格で売却ができるかどうか**です。

それゆえ、住宅の資産性の観点からは、利便性を最優先にして、それ以外の住まいに求める諸条件について調整をはかる必要があります。

とはいっても、利便性に優れる立地の住宅を購入しようと思えば、必然的に住宅の価格は高くなります。

子供の成長とともに部屋数が多く、間取りが広い戸建て住宅を購入したいと検討する方も多いと思いますが、購入価格と相談するうちに、徐々に郊外へと探すエリアが広がりがちとなります。

不動産業者の営業マンも、「残念ながら100％満足がいく家はありません。ご希望条件に合うよう、いずれかの条件を犠牲にしなければなりません」と、家の間取りの広さや自然環境のよさなどを勧めるかわりに、通勤や買い物面などに関する利便性を犠牲にしてもらい、購入の決断を促してきたのがこれまでの住まい選びの流れでした。

しかし、少子高齢化、人口減少が進む日本社会では、徐々に郊外における不動産の価値は低くなり、思うような価格で売れなくなっていきます。

これからの住宅選びは「利便性」を犠牲にしてはなりません。

そのためには、間取りの広さを求めすぎずに子供部屋のあり方について見直す、車の保有の必要性についても再考する、あるいは、新築にこだわりすぎないなど、今一度、住まいに求める長期のライフスタイルを考慮し、我が家の住宅のあり方について見つめ直すことが必要になるのです。

■これまでの住宅購入の流れ

子供の生誕・成長とともに、広い間取りが必要
（広い間取りの賃貸住宅が少ないから購入を検討）

↓

当初は中古もいいと思ったが、せっかく買うなら新築に
（不動産の営業マンも新築を勧める）

↓

間取りが広くて新築であれば、郊外へ郊外へと探す地域は広がる（利便性はある程度犠牲にするのもやむを得ない……）

↓

「利便性」という最優先の条件を犠牲にすると、住宅の資産性を損なう

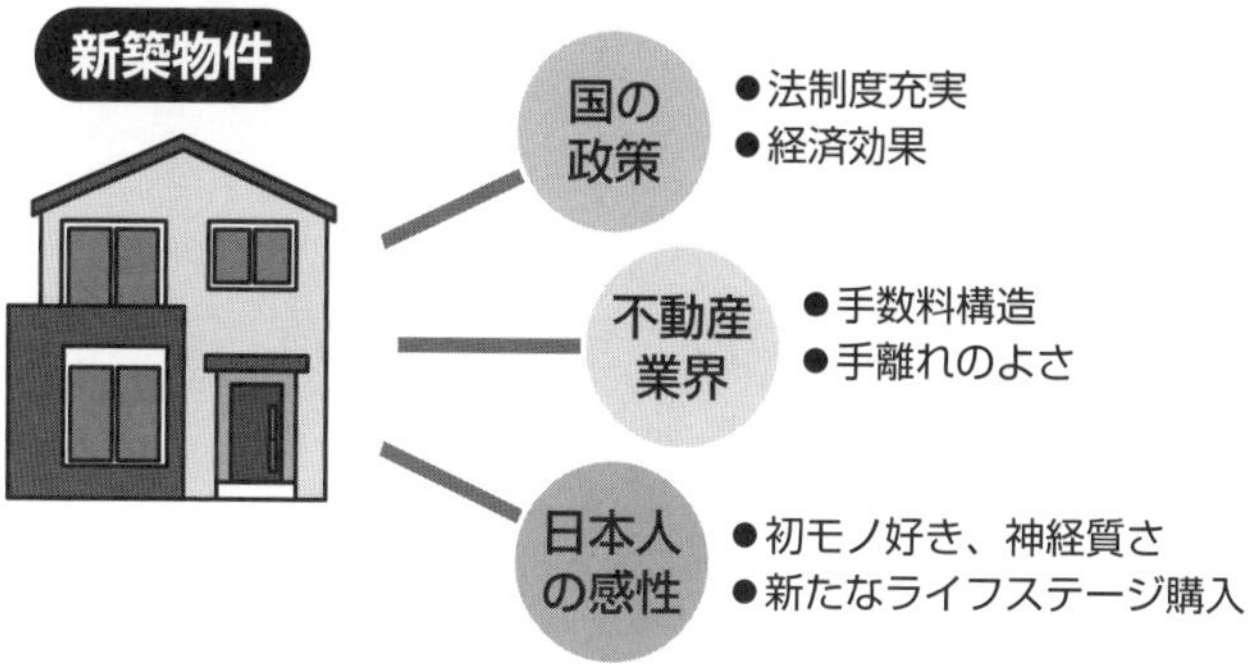

国、不動産業界、需要者の三者ともに「新築」購入の思惑が合致したため、「新築」購入の流れになりやすかった

○老後も自分で稼ぐ時代。ますます利便性は重要になる

利便性に優れる住宅を購入しようとすると、価格面を考慮するならば、新築よりも中古住宅を選ぶ機会が多くなるものと思います。

そのとき、「では、住宅を選ぶ際の利便性の条件とは、具体的にどのようなことなのですか?」という質問を必ず受けます。

その質問に対するアドバイスは、「これまでの住宅購入の流れで最も犠牲にされてきた、通勤の利便性を犠牲にしないことです」と申し上げています。

これからの日本の社会構造の流れとして、高齢者といえる年齢になっても一定期間働き続ける必要性が高まります。

高齢でも一定年齢まで継続して働き続けるためには、やはり「利便性」に関する条件が犠牲にされていると、生活そのものに支障をきたします。

他方で、日本の地方において人口が著しく減少する地域は、地価の下落とともに衰退す

る傾向にあります。このような人口減少問題に対処すべく、各地方自治体はコンパクトシティ構想に基づく「立地適正化計画」を推進しています。

立地適正化計画とは、人口減少が加速する地域において生活に欠かせない機能やインフラ設備などをコンパクトな街の規模に集約しようとすることであり、住宅を集める「住居誘導地区」と、店舗や福祉施設、教育施設などの立地を促す「都市機能誘導区域」を設けています。

要は、人口減少が激しい地域では、「利便性」を充実させる観点から、人が住む地域を限定して誘導する試みを始めているのです。

このように、これからの住宅購入について資産性の面を考えれば、やはり利便性という条件を犠牲にしてはならないという考えに至ります。

すると、先に書いたように新築ではなく中古住宅をかしこく購入するのが、さまざまな選択肢の中で大きな比重を占めてくることになります。

中古住宅といっても、マンションと戸建てがあり、どちらにするかはライフスタイルや生活設計などによって違ってくると思います。本書では、中古一戸建ての選び方について解説してまいります。

2 中古住宅の「資産性」が見直される時代が来た

○新築と中古では新築のほうがローン破産を招きやすい

新築住宅を購入する利点は、購入したあとに万一欠陥などが見つかった場合について、一定の保証が充実していることと、やはり新品であるため、見た目が綺麗であることなどがあげられます。

一方で、新築を購入した場合、仮にその住宅を中古として売却することを考えると、たとえ住んだ期間がわずか数年程度と非常に短いとしても、比較的大きな価値の減少傾向が見られます。

この**価値の減少こそが、「新築」を購入した際に資産性を阻害する要因の一つ**です。

つまり、いざ住宅を売却したとしても、住宅ローンによる借金が残る状態になる可能性

■住宅の資産価値と住宅ローン残債の関係（イメージ）

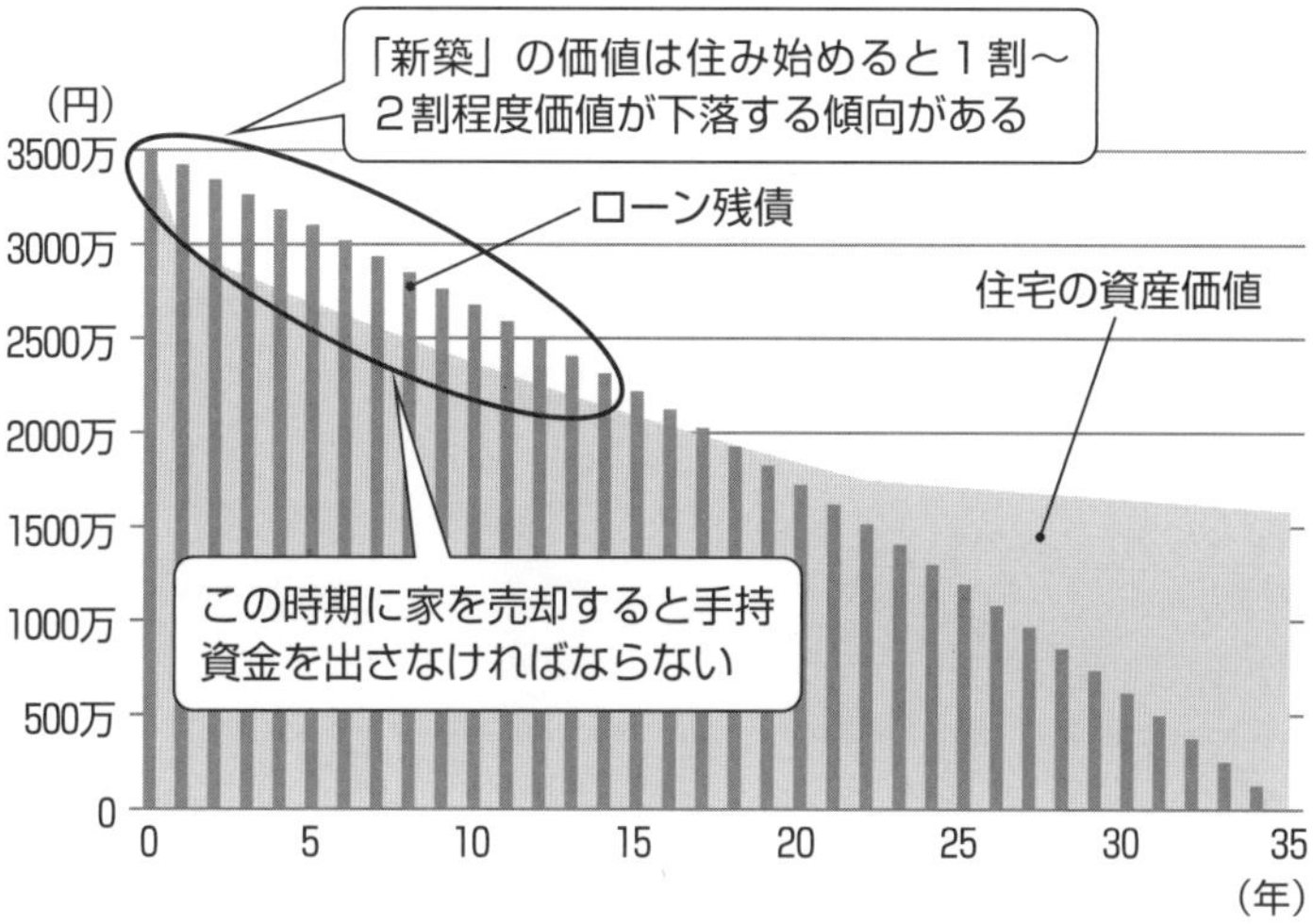

が高いということです（頭金の額にもよりますが）。

新築で購入し、おおよそ数年のうちに売却した場合、物件にもよりますが、１割〜２割程度価値が下がるといわれています。

仮に、頭金なしのフルローンで新築を購入していた場合には、10数年目までは売却をしても上図のように住宅ローンが残る状態となります。

つまり、手元資金をつぎ込まないと、銀行の担保（抵当権）が消せないため、売却ができないこととなります。

このように、住宅ローンを一定期間返済し、借金がかなり減った時期を過ぎないと債務超過の状態を脱しないため、売るに売れない状態が続くことになるのです。

新築住宅購入のリスクとして、「新品の衣」がはがれ落ちることにより、資産価値が急激に目減りすることがあるのですが、**中古住宅の場合、このような資産価値の急激な目減りが新築に比べて少ないことが特徴**です。

○なぜ、「新築」は資産価値が急激に減少するのか

ではなぜ「新築」は、資産価値が急激に減少するのでしょうか。

その疑問に対する考え方の一つとして、私自身、かつて新築戸建て開発会社（デベロッパー）に在籍し、その事業計画を立案していた経験から申せば、住宅を販売する不動産会社側の事業の成り立ちから一つの説明ができます。

新築戸建ての販売価格は、おおまかに土地関連費、建物関連費、事業経費、そして事業利益から構成されています。広告宣伝費や販売仲介料などの事業経費と事業利益は、販売価格に対して一定の割合が最初から決まっています。

■不動産業者側から見た「新築戸建て」の価格構成（積算価格理論）

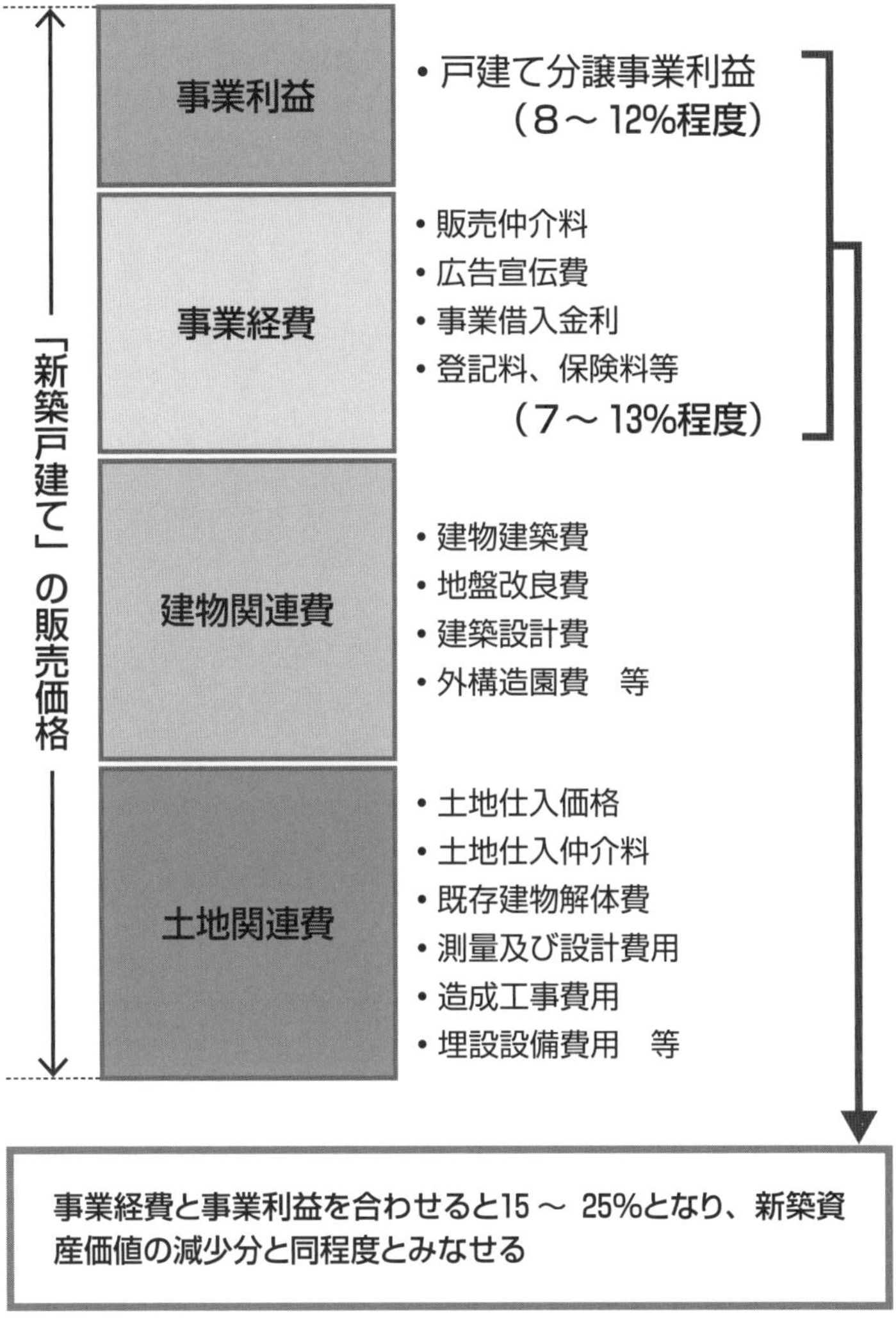

25ページ図のように、事業経費と事業利益の構成割合は、販売価格のおおよそ15～25％程度となっています。

すなわち、この部分が新築の資産価値（いわば「新品の衣」）の減少分と同程度の水準であるため、**新築が中古になった場合には、この事業経費と事業利益の構成部分がはがれ落ちて目減りするために、資産価値が急減する**という解釈です。

他方で、購入する買主側から考えれば、日本独特の風土や慣習などから、新しいものに価値を見出す傾向が強いこと、また、他人が一度使用したものへの神経質さなどから、日本人が「新モノ」「初モノ」に対する価値観が比較的高いことなども新築の住宅が選ばれる理由であると考えられます。

誤解をしていただきたくないのですが、新築住宅の購入をお勧めしないというわけではありません。

大事なことは、住まいを探すときに、何を主として住まいの選別条件とすべきか、資金計画に無理はないか、その課題や問題点を十分に把握したうえで住宅選びを行うべきであるということなのです。

○中古戸建て住宅の価格はどのように決められているのか？

そもそも、中古戸建ての住宅価格は、どのように決められているのでしょうか。
不動産取引における実情は、次のようなものです。

一般の方が不動産仲介業者に住まいの売却を依頼した場合、不動産業者は住宅の取引事例の収集を行います。取引事例は、不動産業者が見ることができる情報データベース（「レインズ」と呼ばれます）で確認します。このデータベース情報は一般の人は閲覧することができません。

このデータベース情報から、売却の依頼を受けた住宅と、比較的場所が近く、建物の床面積や土地面積などの規模が似ている住宅の取引情報をいくつか集めます。

あとは、「3250万円で取引された住宅Aよりは条件が劣るけど、2900万円で取引された住宅Bよりは条件がよいから、だいたい3000万円くらいだろう」という取引成立の概算価格を見立てます。

■中古戸建て住宅の価格は類似物件との比較で決まる

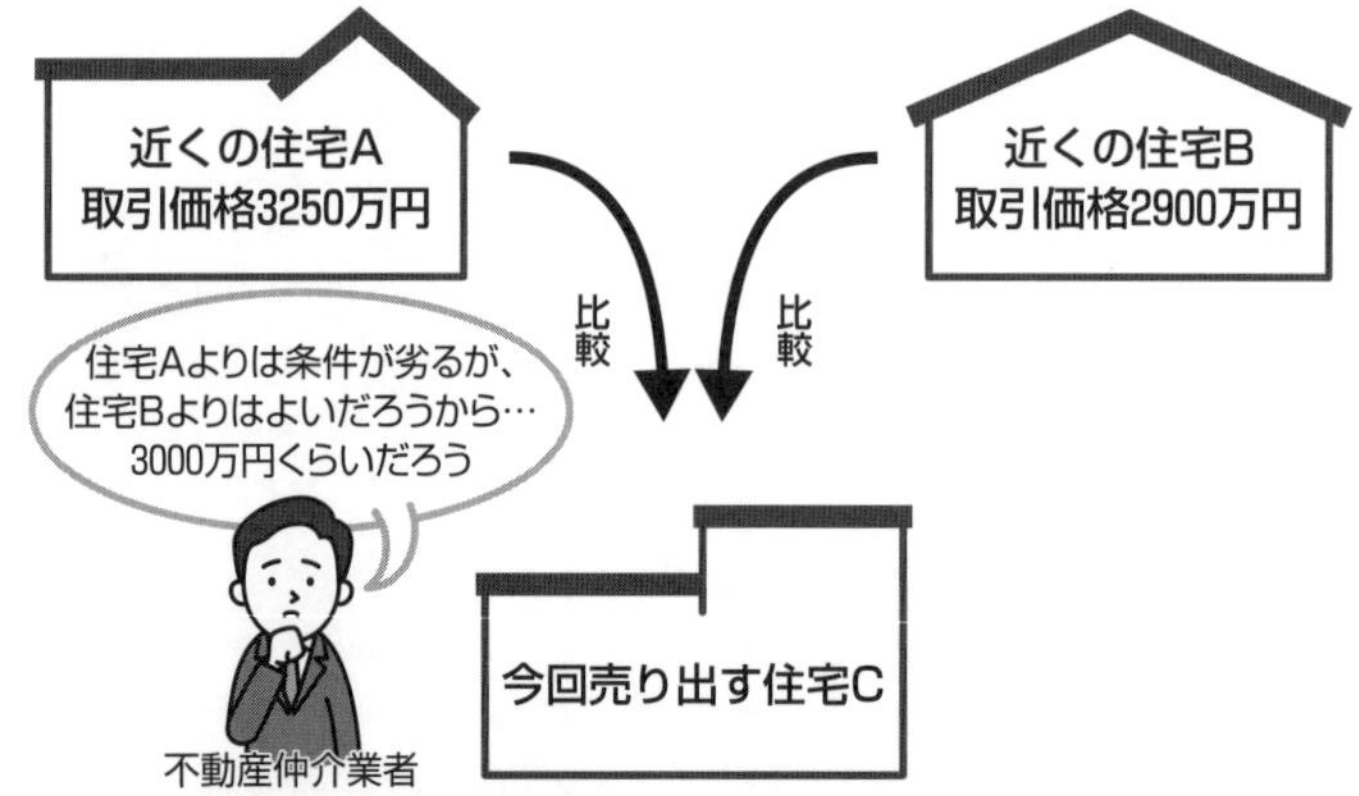

「中古戸建て」の価格査定は、簡易な価格比較によって行われているのが実情

そのうえで、住宅の売却依頼を行った売主に、「おおよそ３０００万円くらいで売れそうですから、３２００万円くらいから売り出してはいかがでしょうか」という具合に売り出し価格が決められていることが多いのです。複雑な計算などは、あまり行われません。

このような不動産価格の単純比較そのものが悪いわけではないのですが、問題は、そもそも価格の指標となる「取引事例」が、比較すべき適切な事例として選択されているのかどうかなど、売却を担う不動産業者の思惑などが介在する可能性があることです。

他方で、取引事例との単純比較による価格査定を改善するための方策としては、技術進歩が進む「ＡＩ（人工知能）」による不動産価格の査定技術が確立されることが望まれます。

ＡＩ技術による不動産価格査定を行うための要素は、何より住宅価格を比較するためのさまざまな価格形成要因（立地条件、環境条件、画地条件、建物の個別要件など）について、数多くのデータ収集ができるかどうかに依存しています。近い将来には、一般の方でも容易にアクセスできる不動産ＡＩ査定システムが確立されるかもしれません。

○資産性のある住宅であれば将来の住み替えが容易になる

賃貸住宅の利点として「住み替えやすさ」が上位に挙げられますが、持ち家を購入するときにも、家族構成が多い場合には、なるべく住み替えやすさの要素も考慮に入れるべきです。

なぜなら、子供が独立したあとや、老後の一人暮らしに不安を感じているなど、将来的に家族構成が変化してライフスタイルが大きく変わる場合には、持ち家を適切な価格で売却できるかなど、新しい生活に適合しやすい状態であることが望ましいからです。

なるべく高い価格で売却ができること、すなわち、住宅の資産性を保つためのポイントは、主に以下の三つであると考えられます。

一つ目は、**住宅の価格が下落しにくい地域**を購入すべきことです。

人口減少が顕著な問題である日本社会では、住宅価格が下落しにくい地域とは、すなわち「利便性が高い地域」といえます。

二つ目は、**建物そのものの価値が値崩れをしにくい住宅**であることです。

値崩れをしにくい住宅とは、言い換えれば、お風呂やキッチン・給排水設備など、とくに劣化の進行が激しい「水まわり設備の取り換えやすさ」といえます。

これらの設備が取り換えやすいかどうかは、設備交換費用の見積もり額が高額にならないことが判断の目安になります（70ページ参照）。

三つ目は、家族構成の変化に柔軟に適合できるよう、**間取りを変えやすい住宅**であることです。

間取りが変えやすいとは、一つの考え方として、二世帯用にも賃貸用にも間取りが変えやすいかどうかです。とくに、賃料が見込める賃貸用にも転用しやすい場合には、売却しやすくなるという点でも有利になると考えられます（66ページ参照）。

3 良質な中古戸建てを購入するための五つのポイント

○その1　良心的な不動産業者との付き合いは必須 → 第2章で詳述

最良の住宅を見つけられるかは、良心的な不動産業者、あるいは良心的で実力のある不動産営業マンとともに住宅探しができるかどうかに大きく依存します。

住宅に関する情報は今ではインターネットや住宅情報雑誌などで数多く収集できる時代になりましたが、情報量が多い分、それらの情報の質に関しては玉石混交《こんこう》です。住宅の資料から受けた印象と、実際の現地の状況を見た際の印象とでは、イメージ・ギャップがあることも少なくありません。

不動産は、電化製品や消耗品などの商品と異なり、他に同じものが一つとしてないもの

ですので、実際に物件を見てみないと、さまざまな状況などがつかめません。それぞれの極めて個性的な要件で構成されているのが不動産なのです。

そのような個性が強い買い物について、一般の方が自ら良質な住宅を見極めることはとても困難です。それゆえ、そのお手伝いをする不動産業者の質のよし悪しが大きく関係するのです。

住まいとは、とても高価な買い物です。そして、自分たちに合う物件を親身になって探してくれるか、つき合う不動産業者や営業マンの質で、購入できる住まいの質も大きく変わることを、まず念頭に置いてください。

買う側の意識が少しずつ変わることにより、紹介をする側の不動産業者にとって都合のよいものだけを紹介するような業者は、次第に淘汰されるでしょう。

第2章で解説する内容は、よい不動産業者と付き合うために知っておくべきノウハウです。

○その2　良質な中古住宅を見極める目を養う　↓　第3章で詳述

「中古物件のどこを見れば、一般の素人でもそのよし悪しが判断できるのですか？」という質問をよく受けます。

完璧なチェック方法とまではいえませんが、**具体的に、物件のここに注目して判断をしてください、といったチェックポイントを具体的な事例とその写真を掲載**してまとめました。

「価格交渉力」や「質問力」にもつながることですが、自分なりに、住まいを選別するための目を養う必要があります。

そのため本書では、**良質な中古住宅を見極めるためのチェックリストを用意**しました。このチェックリストをコピー、またはスマートフォンのカメラで撮影して、住宅を下見しながらお手元でチェックしてみてください。

また、住宅に限らず、不動産というものは、どのような地域にあるかという地域の特徴を知ることがとても大事です。

あまり住んだことがないような地域であれば、地域のことについて不動産営業マンにさまざまな質問をしてみることが大事です。

たとえば、学校や役所、病院、スーパー、コンビニ等の生活関連施設、山や坂などの地形、信号や横断歩道の場所まで、こと細かく質問をしてみることです。

きちんと地域の状況・実情が説明できる営業マンであるか、あなたの質問に答えられるような人材であるかを見極めてください。

第3章では、良質な中古住宅を見極めるためのポイントと、具体的な写真事例をもって、最低限この部分を見てほしい点について解説をしています。このポイントを知っておくことは、良心的な不動産業者を見極める素養にもつながります。

○その3　価格交渉力と適切な質問力を備える ↓ 第4章で詳述

三つ目のポイントは、一定の相場観を伴った価格交渉力と、不動産業者や住宅の売主に対する質問力をつけることです。

「価格の相場感」といいましても、いわゆる不動産のプロが有するような相場観をつけることではありません。住むための不動産として、自分や家族にとって高いのか安いのか、純然たる感覚でとらえていくものです。

その**相場感覚を養う方法は、売り出されている住宅をさまざまに見比べること**です。その際、売り出し中の住宅価格というのは、いわば売り手側の売却希望価格であるため、買い手であるあなたの感覚として、この住宅がどの程度の値段であれば、買うに値するかを感覚として見定めていくということになります。

その際に有効な力が、「比較をする力」です。

繰り返しになりますが、よい不動産業者であるか、あるいは実力のある不動産営業マンであるかどうかを見極めることも非常に大切なことですので、その見極めには、購入する側が相応の「質問力」を備える必要があります。

中古住宅の購入で不安を感じることの一つが、「住宅に欠陥が見つかった場合の補償についてはどうなるのか?」という疑問でしょう。

これらの内容を前もって掘り起こすためにも、どのような質問をすべきか、その内容が思いつかない方のために、具体的な質問の内容と、その質問の意図するところを解説しました。

あわせて、質問を一覧できる質問リストも付属しました。

第4章の内容は少々難しいですが、実際にクリアしておかないとあとでトラブルになる可能性のあるところです。一定の知識をつけておくことにより、価格についての交渉にも関連付けて応用できるようになります。

○その4　自ら住まいの資金計画を立てる　→　第5章で詳述

住宅を購入する際の価格が、ご自分や家族の収入と照らし合わせて高いか安いか、**住宅ローンを借りた際の月々の返済額がいくらになるかなど、自らその内容をつかんでおくことはとても重要**です。

というのも、不動産業者が主導して資金計画を進めるのは、いささか問題があるからです。

たとえば、「変動金利」と「固定金利」の違いについて、その特徴などの説明が不十分なまま、はじめから金利が安い変動金利で資金計画を立てることには問題があります。

また、当初から住宅ローンの借入期間を35年などの長期に設定し、「ご返済とともに、あとから繰り上げ返済をしてゆけば、返済期間を短縮できますよ」などと、当初の購入予算よりも高い物件の購入へと誘導されることもあります。

購入価格を上げることは、当然、返済しなければならない金額も増えることになります。

不動産業者は、お客様に購入していただかないと売上・収入にはなりませんので、なるべくお客様に気に入ってもらえる物件を勧めます。その際、価格の高い物件は、安い物件よりもさまざまな条件が優れていますので、買う側もついつい高額の物件に目が行ってしまいます。

このような誘導に単純に乗らないためにも、自ら住まいの資金計画を立てるようにしてください。

今では資金計算について、無料でダウンロードができる携帯アプリや、インターネットサイトなどが数多くありますので、返済額はまず自ら計算してみることをお勧めします。

○その5　中古住宅制度についての理解を深める → 第6章で詳述

五つ目は、中古住宅の購入に関するさまざまな制度や税金に関する内容です。

国は、中古住宅の市場活性化につなげるため、さまざまな施策を出しています。

そのなかでも、新しい制度である「安心R住宅」制度のほか、「既存住宅瑕疵《かし》保証保険」「ホームインスペクション（住宅診断）」などの制度、また、基礎的な税金に関する内容についても知っておいていただきたいのです。

これらの制度は、中古住宅の購入について安心を担保するための制度であり、その大まかな内容を把握しておくと、より中古住宅の購入に有効なものとなります。

第2章

掘り出しモノの中古一戸建てを見つけ出すポイント

1 中古住宅の情報収集はどのように行えばいい？

○納得のいく住宅が見つかるまで賃貸住宅に仮住まいを

住宅を探す方のなかには、ご結婚あるいは、永続しそうな転勤などの理由から、いつまでに住宅を購入すると期限を決めて探す方もおられます。

「とりあえず、時間がなかったからここに決めた」というのは、住まいの購入プロセスとしては最悪なものであると感じます。

購入の決断にどうしても違和感があるのであれば、しばらくは賃貸住宅に仮住まいして探し続けるほうがよいと助言をしています。

その場合、賃貸契約にかかる初期費用や、支払う家賃がもったいないと感じるかと思いますが、住み始めたあとで後悔するような一生涯の高い買い物をしてしまうよりも得策であると考えられます。

このような場合に、あえてお勧めしたいのが、レンタル・ストレージ（貸し倉庫）を利用し、身の回りは生活に必要な最低限の家具や生活用品だけを持ち込み、当面生活できる間取りの賃貸住宅に仮住まいする選択です。それほど広くない部屋であれば、家賃の支払いを少しでも節約できます。

そして、レンタル・ストレージに収納しておいた荷物は、新しい住宅を購入したあとで必要なものだけを徐々に搬入するようにします。

レンタル・ストレージを一時利用してみますと、改めて、家族に最適な住まいの在り方について見つめ直すよい機会になるかもしれません。必要なものと不要なものを選別し、不要なものについて断捨離する機会にもなります。

実は、この日常生活面における「断捨離」の考え方というものが、これからの住まいのあり方を見極めるうえで、とても重要になります。

不要なものを置き続けるためのスペースは、いたずらに間取りを広げ、その分、利便性を犠牲にして住まいを探してしまいがちです。その結果、住まいの資産性を損なうこととなるのです。

○よい物件を探すために、どれくらいの数を見て回ればよいか？

時々受ける質問として、「物件はどのくらい見て回るべきか？」というものがあります。

この質問の意図は、どのくらいの数の物件を見れば、自分たちに合う住宅が見つかるのだろうかということですが、このような疑問に対し、数学的な観点でその考え方を示したものがあります。

「最適停止問題」といわれるもので、理想の結婚相手を見つけるため、あるいは適切な人材採用のための選択理論としてよく引き合いに出される考え方です。

難しい数学理論はさておき、この理論によれば、母数が十分に大きいとき、最適な相手を選べる確率は37％になるそうです。一つの方法として、これを住宅で考えてみましょう。

おおよそでよいので、自分がこれから見て回りたいと思う物件数を最大数想像してみてください。

仮に30物件だとしたら、その数に37％を乗じると、約11となります。そこで、最初に見

■どのくらいの物件を見て回ればよいか？

「最適停止問題」とは……
生涯のパートナー探しである結婚相手や、
会社の人材採用に関する人事選考などで考えられる理論の一つ。
母数が十分に大きいとき、最適の相手を選べる確率は37%になる

おおよその見て回るべき物件数を、仮に30物件とすると、

30物件 × 37% ≒ 11.1物件

「最適停止問題」によれば、
最初に見た11物件ではあえて購入する決断はせずに、
その11物件のなかで一番よかった物件よりも購入したいと感じられた物件こそが、最良の選択であるということになる

て回る11物件は、あえてすべて購入する決断をせずに、そのあとに見て回った物件のうち、最初の11物件のなかで一番よかった物件よりも購入したいと感じられた物件こそが、最良選択であるというものです。

いわば、最初の37％の下見件数が「お試し期間」というわけです。

このような説明をしますと「では、自分が見て回りたいと思う物件の数は、どう決めるのか？」などといわれそうですが、このような考え方自体はあくまで確率論の域を出ません。世の中に唯一絶対的な答えなどはおおよそ見つからないものです。

生涯のパートナー探しである結婚や、会社

組織などの人材採用に関する人事選考なども、ある意味、住宅探しと似たものがあります。しかしながら、どのような選択を行おうと、選択をしたあとの考え方や行動のほうがより重要です。

○自分で見て回るのと業者に案内してもらうのでは、どちらがよい？

住宅を購入する検討をしはじめて、自分で現地を見て回る場合、住宅のなかまでは通常見られませんので、ある程度、購入希望といえる物件が特定できましたら、やはり不動産業者に案内してもらって建物の内見をさせてもらうことになります。

しかしながら、現地を自分で見て回ることは、決して意味のないことではありません。物件を選定して、具体的な価格交渉を行う際には、価格相場観を身につけておくことが必須です。すなわち、**良質な住宅を見極める目を養って価格の相場観を身につけるためには、さまざまな物件をあらかじめ下見しておくこと**に尽きます。

人にもよりますが、少なくとも10物件、できれば30物件くらいは自ら下見し、物件の特徴と、それに見合った自分なりの適正価格を想像できるようにしましょう。

基本的には外観からのみの観察になりますが、自分たちに合う不動産を見極めるための素養になるはずです。

○物件情報収集における主な情報源とその特徴について

以下は、中古戸建ての物件情報収集のための種類と、その特徴について紹介します。

・インターネットの物件情報サイト

今日、物件情報収集のために最も使われる手段は、やはりネットです。

不動産情報会社が広く公開している情報を集約した「不動産情報サイト」では、さまざまな物件情報を集約しており、希望条件に合わせて物件を検索することができます。そのため、買い手の情報収集量は飛躍的に多くなりました。

最近では、建物の外観だけでなく、内装や生活関連設備に関する写真の掲載も充実してきましたので、住んだあとのイメージがしやすいものとなっています。

そして、パソコンや携帯端末で容易に情報収集できますので、希望条件にマッチする物件を探しやすいということでは理想的なものです。
また、不動産業者は、物件情報を掲載するには情報サイトの運営会社に一定の広告料を支払わなければなりませんので、あまり条件面や質的に優れない物件情報が長く掲載されることは、比較的少ないものと考えられます。

ところが、本来は物件情報を広く周知して、多数の購入希望者に検討をしてもらうのが市場原理的にも最良のはずなのですが、のちに説明をする不動産仲介業者の報酬である仲介手数料に「両手手数料」と「片手手数料」（57ページ参照）という二つの報酬形態があることなどから、良質な物件（すぐに買い手がつくような物件）の情報は、なかなか情報サイトに出てこないことがあります。

このような物件情報を広く公表しない、あるいは他の不動産業者に物件情報を伝えないことを、業界用語では「囲い込み」と呼んだりします。

中古戸建てを検討したい購入者としては、こうした不動産業界の実情も踏まえたうえで物件を選別していただきたいところです。のちほど、仲介手数料の構造についても解説いたします。

・公式の不動産情報データベース「レインズ」

収集できる物件情報について、一般の人とプロである不動産業者とで、最も異なる情報源は、公式の不動産情報データベースに関するものです。これは通称、「レインズ」といわれます。

レインズは、公益財団法人不動産流通推進センターが構築している情報データベースであり、不動産業免許を取得したうえで一定の登録をしないと閲覧はできませんので、一般の人は直接見ることができない情報です。

ただし、最近では、このようなレインズに近い情報量を掲載するサイトとして「不動産ジャパン」というサイトが開設されました。レインズの物件情報とまったく同じ情報量ではないようですが、ほぼ同等の物件検索ができるようです。こちらの情報サイトは一般の人でも閲覧することができます。

このようなレインズに登録された物件データベースの中身は、実は、かなり玉石混交です。レインズに登録されてから、長い期間ずっと売れずに残っている情報も多く、このことから、レインズの物件情報は「売れ残り物件の溜まり場」的なイメージもあります。

しかしながら、レインズには、決して質の悪い物件情報ばかりが載せられているわけではありません。

問題なのは、物件紹介の仕方が適切でない営業マンは、日々更新される物件情報に対してあまり敏感でないことから、お客様から求められたさまざまな条件について、そのつどレインズで検索し、売れ残り物件を含めてそのまま紹介してしまいがちなことです。

これに対して、優秀な営業マンは、以前からの売れ残りのものがどれであるかをきちんと見分けられますから、少なくとも無造作には、あなたに売れ残りを紹介しないはずです。そうした物件については、物件情報の更新を怠っている不動産業者のホームページや、不動産ジャパンのサイトなどから、同じ物件情報を目にする機会も多くなります。ですので、自ら物件情報を広く収集していると、自ずとどのような物件であるかが判別できるようになります。

・住宅情報誌・新聞等の折り込みチラシ

インターネットの物件情報サイトが現れる前の主な情報源は、新聞の折り込みチラシと住宅情報誌でした。今でも、戸数規模が大きい新築マンションの売り出しなどでは、新聞チラシや住宅情報誌による宣伝効果は高いとされます。

他方で、中古戸建ての物件情報は、基本的に1戸のみの単発情報になりますので、お金のかかる住宅情報誌などには掲載されず、また、新聞等の折り込みチラシなどでは、物件がある地域の周辺にだけチラシが配布されるなど、情報の配布エリアとしてはかなり限定的になります。

したがいまして、中古戸建てを探すための情報源としては、若干弱い面があります。

・ポスティングチラシ・現地販売会

地元周辺の売り物件情報として、単色刷りなどの物件チラシがポストに入っているのを見たことがあると思います。このようなポスティングチラシは、不動産業者が社内で印刷やコピーをして作成したものが多いので、比較的安価に広告作成ができるものです。

賃貸アパートや賃貸マンション、あるいは、公営団地など、まとまった賃貸住宅のポストに投函をしますので、地元で新たに住宅の購入を検討している世帯へ手軽に広告できるのが利点です。

このポスティングチラシ情報とあわせてよく行われるのが、実際に建物に入って内覧できる現地販売会であり、オープンハウスなどとも呼ばれます。現地販売会では実際に売り出されている住宅の内覧ができますので、より購入意欲が高い方を集客できるメリットがあります。

不動産会社によっては、購入見込み客を獲得するために、さまざまな物件について毎週のようにポスティングチラシを作成して現地販売会を催す業者もあります。

それゆえ、単に、購入の見込み客を集めるという目的のみのこともあります。この場合、売り出していた住宅が売却に至らなくても、一定数の顧客が現地に来てくれて、アンケートなどに連絡先を記入してくれれば、現地販売会の実施は一応成功とみなせます。

購入者側としては、このような現地販売会に行くと顧客リストに載せられてしまい、その後に営業の売り込みが頻繁に行われるというデメリットがあります。

他方で、通常は建物の外観しか見られないものが内装などの建物の内側が見られますので、良質な物件を見極めるためにはとても勉強になります。内装の傷み具合や水まわりの劣化状況などと、物件の販売価格を見比べるようにするとよいでしょう。

もう一つ、現地販売会が実施されている周辺で電柱などにくくりつけられている不動産情報の看板、通称「捨て看板」を目にしたことがあると思います。

この捨て看板ですが、工事目印などのカラーコーンなどとともに道端に置いたり、電柱にくくりつけたりすることは、軽犯罪法や道路交通法、または各自治体の条例などにより罰せられる行為です。このような違法行為は、まさに電柱にくくりつけている瞬間などの現行犯でなければなかなか取り締まることができないため、捨て看板をつける行為はあとを絶たない実情があります。

不動産業者はこのような行為をアルバイトあるいは自社の社員にさせたりしていますが、捨て看板を多用している不動産会社というのは、社内風紀的に問題があるとも考えられます。

・不動産業者からの直接情報

最後に、不動産業者から物件情報を直接もらう方法について説明をします。

不動産業者から自分たちに合う物件情報をもらうためには、まず自分たちの住まいに対するさまざまな条件を相談し、そのうえで、逐一、物件情報をもらえる連絡先を告げておかなければなりません。

したがいまして、物件を選定することそのものよりも、住まい探しのよきパートナーとして、最良の不動産業者をどのように選定すべきかが問われることになります。

住まいを探すときには、「いかに多くの物件情報を得られるか」という点が住宅を探すうえで重要なことと考えがちですが、**「中古戸建て」を探す場合には、物件情報量よりもむしろ、適切な不動産業者の選定にこそ焦点を当てるべき**です。

なぜなら、中古戸建てを適切に紹介するためには、さまざまな法律知識、住宅ローン、税金に関する一定の知識などとともに、何より、建物構造や修繕・リフォームなどに関する細かな知識が求められるからです。

それゆえ、不動産業者にとっては、新築住宅を紹介するよりも、中古住宅を適切に紹介するほうが、難易度はむしろ高いものなのです。

したがって、物件情報の収集方法そのものよりも、建物について熟知した、中古戸建て取引に強い不動産業者をいかに選定できるかがより肝心であると考えます。

次項では、このような不動産業者を見極めて、良質な物件情報を得るための具体的な方法について解説をいたします。

■中古の戸建て物件情報の種類

物件情報サイト	・LIFULL HOME'S、SUUMO、アットホーム、goo住宅・不動産、Yahoo!不動産　等 ・不動産ジャパン、不動産なび　等	●現在の物件情報収集の主流 ●広く情報収集して物件を見る目を養うこと
レインズ	・公式の不動産情報データベース	●レインズは一般の人は直接閲覧することができない
住宅情報誌・新聞折り込みチラシ	・新築マンション情報 ・新築分譲戸建て情報　等	●新築マンション情報においては情報源 ●中古戸建てについては情報量は少ない
ポスティングチラシ・現地販売会	・物件周辺に住む人向け ・現地販売会の開催 ・捨て看板による誘導	●広告費用が比較的抑えられるため、単に不動産業者の集客用であることも ●捨て看板を多用する業者は営業方針に問題がある場合も
不動産業者からの直接情報	・不動産会社からの紹介情報	●中古戸建ての情報源として、建築知識のある業者を選定すべき

2 よい不動産業者を見極めるには

○「建築・リフォーム」に強い不動産業者を選ぶ

中古住宅を探す際には、不動産業者の選定、ひいては、担当営業マンの腕のよし悪しで、最良の住宅を見つけられるかどうかが決まってきます。ですから、よい不動産業者と優秀な営業マンに出会えるかどうかが、住宅選びにおいて非常に重要な要素となります。

実は、建築・リフォームについてそれほど明るくない不動産業者や営業マンは、あまり中古住宅を紹介したがらないものです。

とくに「中古戸建て」を適切に紹介するためには、万一欠陥が見つかった際の補償などに関する内容や、適切な修繕工事を行うための助言など、新築住宅を紹介する場合よりも多岐にわたる細かい知識が必要とされます。

■建築に強い不動産業者を選ぶポイント

○建築士事務所登録がされている不動産業者

○新築よりも中古住宅の取引が過半である不動産業者

○ホームインスペクション（住宅診断）の実績が多い不動産業者

他方で、新築を紹介して買ってもらえれば、万一、欠陥が見つかった際には、建築販売をした売主業者にトラブルの対処をそのまま委譲することができます。

また、住宅の品質に関する保証も、あらかじめ法律で定められた一定の内容を説明すれば足ります。

そのうえ、新築戸建てであれば「両手手数料」を得られる確率が高くなり、利益が倍になります（57ページ参照）。

こうした事情から、建築知識の乏しい営業マンは、ますます中古戸建ての紹介を敬遠するようになります。

したがいまして、あなたが**自分や家族に合った最良の中古戸建て住宅を探したいのであれば、何より建築・リフォームに強い不動産業者を選ぶこと**です。

建築・リフォームに強い不動産業者の目安となるのは、建築士事務所登録をあわせて行っている会社であることや、また、中古住宅の契約割合が新築よりも過半である不動産業者であるかどうかです。これらを不動産業者に尋ねてみてください。

○「両手手数料」ばかりを狙う不動産業者は要注意

家を購入したいと考えはじめた際にぜひとも知っておきたいこととして、不動産業者における報酬の成り立ち、すなわち仲介手数料がどのように発生するかがあります。

ここで注目したいのは、あなたが金額的にいくらの仲介手数料を支払うかではなく、契約したあかつきに、不動産仲介業者がどのように手数料を受け取ることになるのか、です。

実は、仲介（紹介）する物件の種類、すなわち新築か中古か、あるいは、戸建てかマンションかにより、不動産業者が受け取ることができる報酬金額が異なってくる場合があるのです。

不動産業者が受け取ることができる仲介手数料は「宅地建物取引業法」という法律できちんと規定されています。上限金額を超えるような手数料を請求することは法律で禁じられています。

違反すれば罰則もある法律なのですが、新築物件や中古物件の別、または、戸建てやマ

■「両手手数料」と「片手手数料」とは

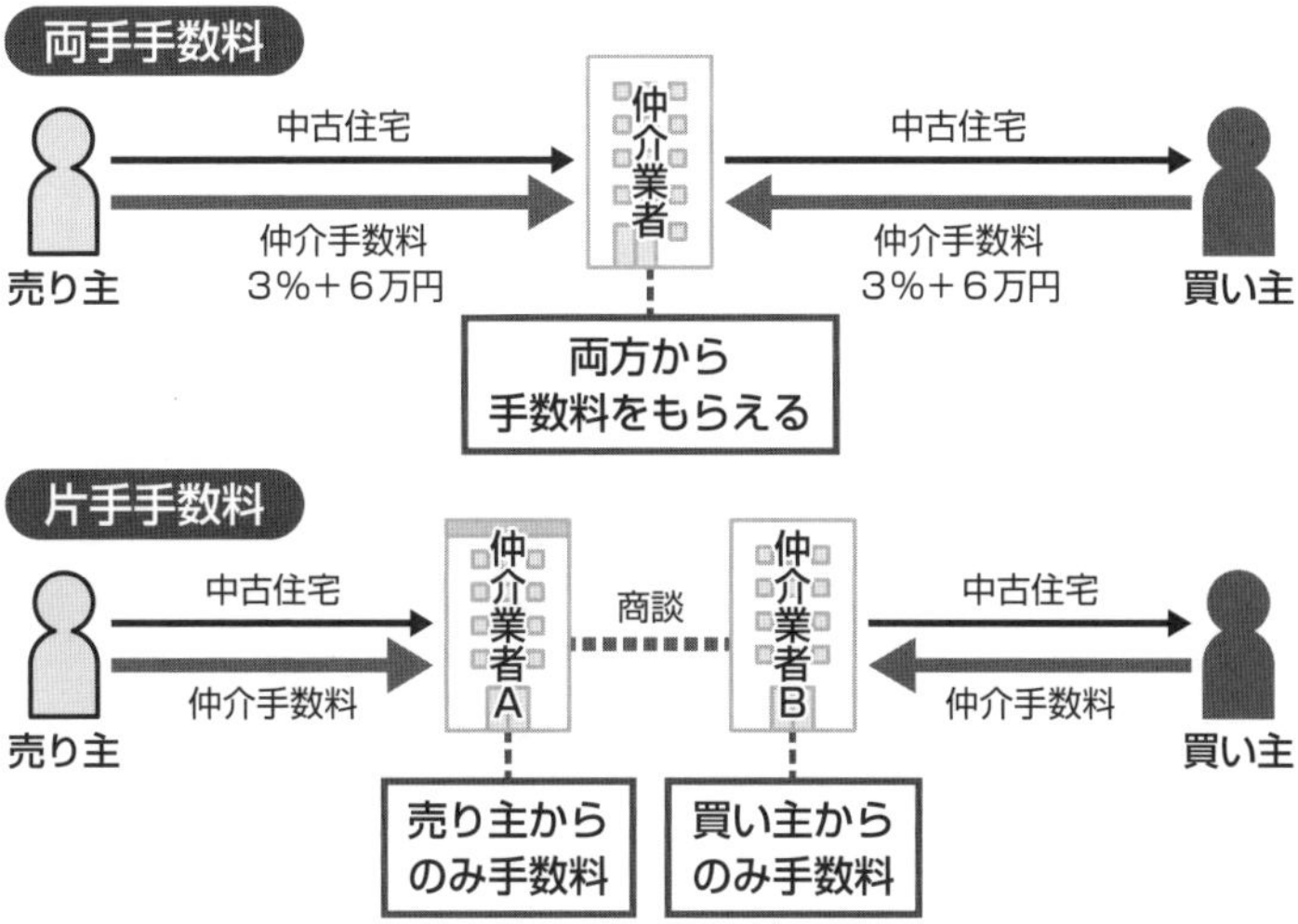

ンションの別で、仲介業者が受け取る報酬の金額が一気に2倍になる場合があります。

2倍の報酬を不動産業界では**「両手手数料」**と呼びます。こういった報酬額の違いは、いわば契約取引における成り立ちの違いから生じているものです。

たとえば、仲介営業マンが、中古戸建てよりも「新築戸建て」を勧めたがる理由があります。その理由は、仲介手数料が受け取れる金額が「片手手数料」ではなく、その倍にあたる「両手手数料」となる可能性が高いからです。

片手手数料というのは、上図のように仲介手数料を売り主か、買い主のどちらかからしか受け取れない取引です。一方、両手手数料は、売り主・買い主の双方から仲介手数料を受け取ることができます。

この両手手数料を受け取れる確率が最も高いのが「新築戸建て」を買ってもらった場合です。新築戸建てでは、売主と買主の双方から仲介手数料をもらえる機会が増えるという構造があります。そもそも新築物件は価格が高いため、手数料が高くなることもあります。

このような不動産取引における報酬の事情を知っている人であれば、新築ばかりを売りたがる営業マンの心理が自ずとわかるでしょう。

インターネットなどにより、さまざまな情報や内情が知れわたる時代の流れから、一般の方の知識はより深まっています。「両手手数料」ばかりを狙う不動産業者は、これから淘汰されてゆくと考えられます。

○紹介してくれる物件の「あてブツ」に注意する

住宅を購入しようとする場合、さまざまな物件を比較して、最終的に自分や家族に一番適した住宅を選ばれることと思います。不動産営業マンも、多くの物件を紹介して比較検討してもらわないと、購入物件をなかなか決めてもらえないことから、複数の物件を選定して紹介をします。

このとき、物件の比較がしやすいよう、意図的に質が劣るものを選定して比較させようとする場合があります。

不動産営業マン自身が「売りたい物件」を引き立てるために、あえて、比較のために質の劣る物件を見せることを、業界用語では「あてブツ」や「まわし物件」などと呼んでいます。

とくに注意をしなければならないのは、「両手手数料」に執着する営業マンであると、あなたにとって最適な中古住宅の情報を知っているにもかかわらず、あえて最初からは、その最適な中古住宅を見せようとしない場合もあります。中古物件では、両手手数料にならないことが多いためです。

このように、あなたが提示する条件や好みに、明らかにそぐわない物件をいくつも見せて比較させようとする不動産業者とは、付き合わないことが賢明です。

○宅建業者免許証の「更新回数」で信用度を判断するのは早計

不動産業者の実績や経験をはかるうえで参考となるものに、宅建業免許の更新回数があります。

不動産業は、国土交通大臣や都道府県知事から不動産業の免許証を取得しなければ営業を行うことができず、現在の免許の有効期限として5年ごとに更新しなければなりません。

不動産業者の店舗内に掲げられている免許証や、不動産広告に記される会社名とともに「○○○知事（○）第○○○○号」などと免許証番号が記されています。

このカッコ内の数字が、免許更新された回数です。すなわち、カッコ内の数字が多いほど、長い間不動産業を営んできたことがわかります。

長年不動産業を営んできたことは、さまざまな実績を積んできた証ではあるのですが、その実績がすなわち、サービスの質までも保証しているとはいい切れません。

あくまで筆者の経験則ですが、長い間不動産業を経営しているということは、昔ながらのいわゆる「不動産屋」の体質のままである可能性もあります。

この点、宅建業免許を取得したばかりの新しい会社（カッコ内の数が1の業者）は、実績を伸ばすために、誠心誠意、顧客のためにサービスを尽くすことも十分あり得ます。

したがいまして、物件を紹介する「不動産仲介業者」の更新番号については、多い少ないについて、あまり重要視すべきではないと考えます。

■宅建業免許の更新回数

> カッコ内の数字が免許更新回数

宅地建物取引業者票	
免許証番号	神奈川県知事 (1) 第000000号
免許有効期間	平成00年0月00日から 平成00年0月00日まで
商号又は名称	株式会社　松本不動産
代表者氏名	代表取締役　松本一郎
この事務所に置かれている専任の取引主任者の氏名	松本次郎
主たる事務所の所在地	横浜市神奈川区新子安0-0-0 　　　　電話　045（000）0000

仲介業者の場合 → 更新回数は参考数字

売主業者の場合 → 更新回数は信用尺度

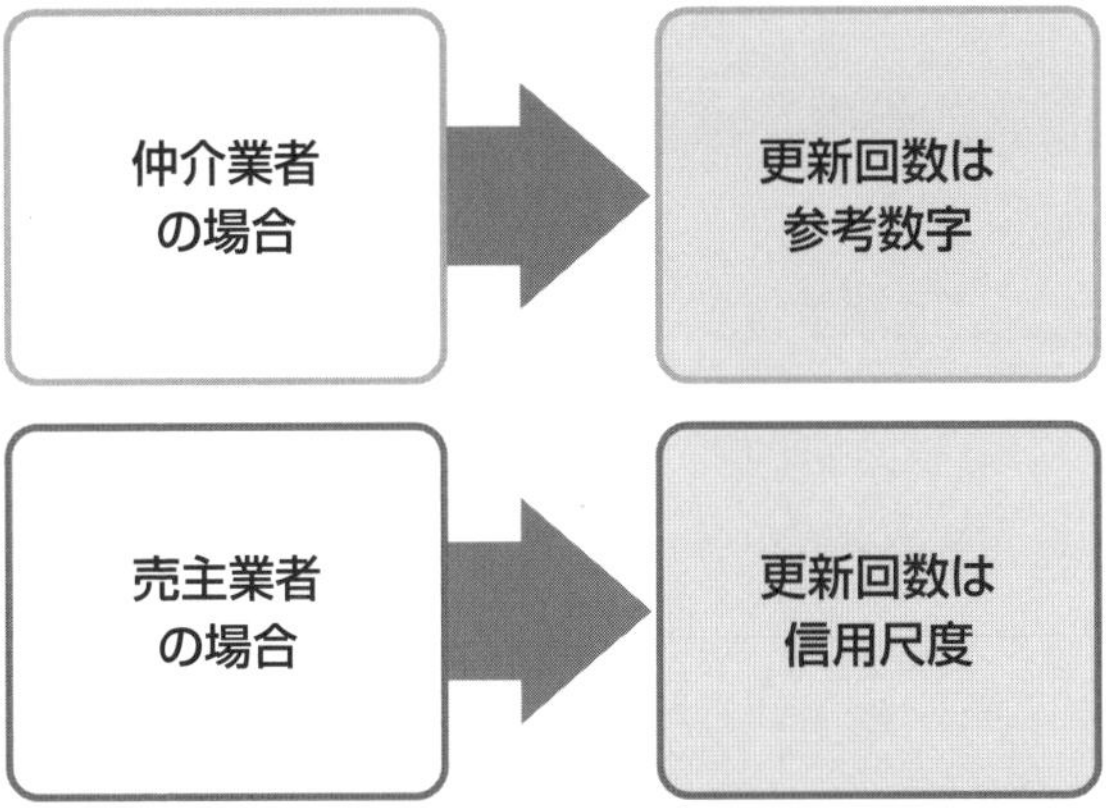

一方で、中古住宅をリフォームしたうえで「売主として、販売を行う不動産業者」の場合は、とらえ方は異なってきます。

不動産業免許を取得したばかりの売主業者の場合は、事業の資金繰りが悪化した場合にはあっけなく倒産してしまう場合も少なくありません。住まいを買ってすぐに倒産されてしまっては、住宅の保証にも影響が生じます。

したがいまして、このようなケースでは、長年の経営実績も重要な要素となりますので、更新回数は多いほうがよいものと考えられます。

○会社の風評や元社員などによるクチコミ情報を調べてみる

特定の不動産仲介業者に物件探しをお願いしようとする際、その不動産会社の風評や元社員などによるクチコミ情報などの内容をあらかじめチェックしておくことは一つの参考となります。

元社員であった人が書き込みをしている就職希望者向けのクチコミ評判サイトなどは、会社の風紀や各部署間の意思疎通の状況、あるいは、給与や仕事に対するモチベーションなどの内情が書かれています。「不動産会社名 評判」で検索すれば、これらのクチコミサイトが閲覧できます。

インターネットのクチコミサイトの情報は、ほとんどが匿名です。それゆえ、意図的に悪意をもった書き込みや、あるいは個人的な感情も入っています。

ですので、ある程度間引いて考えるべきなのですが、実際にその不動産会社と取引を行った方や、元社員の方による見解というのは、やはり貴重な意見です。

会社で人事部門に勤めて人材採用などを行った経験がある方であればおわかりのように、外見からだけでは、会社組織や人となりを、なかなか適切に見分けることはできません。このようなサイトを参考にすることも、一つの方法であると考えられます。

3 「掘り出し物件」の条件とは？

○二世帯用に変更しやすい間取りの物件は掘り出し物

住宅を購入した人に生じる典型的な問題として、将来、時の経過とともに家族構成が変化してゆくことから生じる「住宅間取りの不適合」に関する悩みがあります。

子供の生誕や進学というライフステージの変化とともに広めの間取りが求められることから、戸建て住宅の購入に至るケースは多いものです。しかしながら、それらの時期が過ぎてみれば、子供と過ごす期間というものは案外短いもので、夫婦二人で過ごす期間のほうがむしろ長いものです。

日本人の長寿化の傾向からは、ますます夫婦二人で生活する場面を想い描いておくべきであり、とくに戸建て住宅は、老後に夫婦二人で住まうには広すぎて、その間取りの不適合さに悩む方々は意外と多いものです。

そのような**家族構成の変化に対し、将来、二世帯用にも間取りの変更がしやすい住宅は、掘り出し物件**と考えられます。

このような二世帯住宅について、生活そのものを共にすることにお互いに抵抗感を感じる人も少なくありませんが、子供がまだ小さいうちは、少しの時間でも親に子供を見てほしいケースがあることから、親世帯の近くに子供が住む傾向も強まっています。

一般的な戸建て住宅の延べ床面積は、おおよそ1階、2階合わせて約30坪（100㎡）程度、あるいは30坪に若干満たない場合が多いものです。

このような床面積の住宅は、二世帯が長く住むには若干狭い面積ですが、孫が小さいうちに「近居」をする傾向が高まることを考えれば、比較的短い期間でも、三世代が同じ家に同居できるメリットは大きいと考えられます。

したがいまして、将来、比較的少ない予算で二世帯住宅への間取り変更ができる住宅は、子供のいる世帯にとっては有利なものであると考えられます。

○二世帯用に間取り変更ができれば賃貸にもしやすい

二世帯住宅へと間取り変更がしやすい住宅とは、自分たちの子供世帯の子（孫）が大きくなって引っ越したあとには、第三者に賃貸しやすい間取りともいえます。このことは、二世帯仕様への間取りの転用において、とても注目すべきポイントです。

二世帯への間取り変更などを考慮しないとしても、将来、あまり使わない余分な部屋を賃貸に出して賃料収入が得られるのであれば、資産として効率がよいものとなり得るからです。

このような**二世帯住宅あるいは一部賃貸用への変更に関するポイントの一つは、2階の間取り**にあります。

2階の間取りが、1階と同じような浴室やキッチンなどの水まわり設備を配置できるかどうか見てみるのが比較的簡単な見分け方です。建築当初から、二世帯住宅への転用を考えている住宅は、そうした間取りになっていることが多いものです。

■将来、二世帯用に変更しやすい間取りは掘り出し物件

変更前（1階）

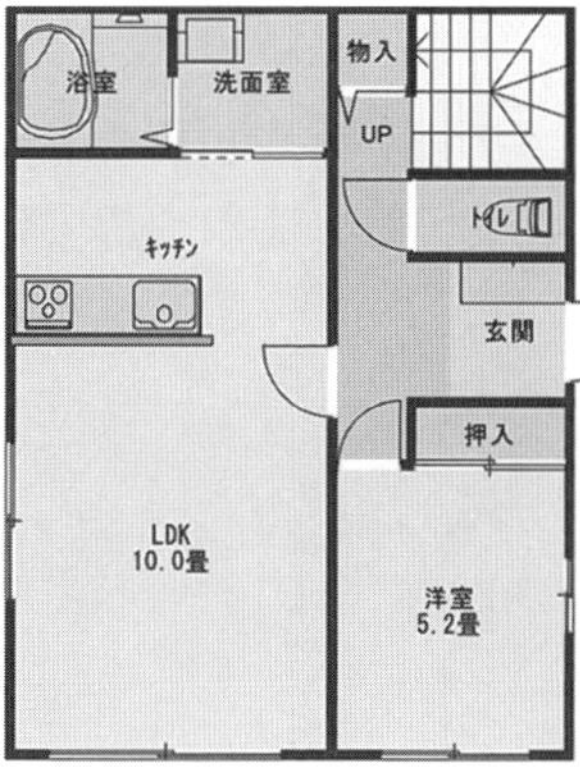

変更前（2階）

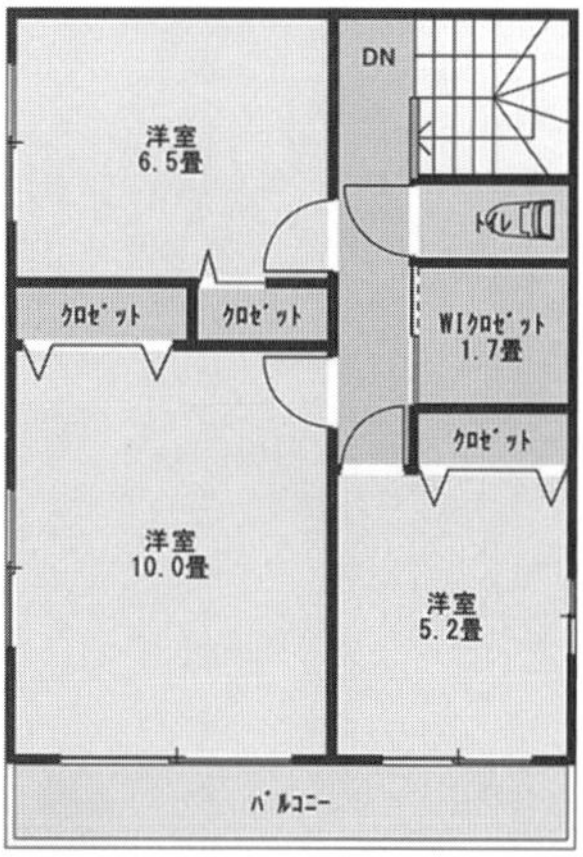

変更後

変更後（1階）

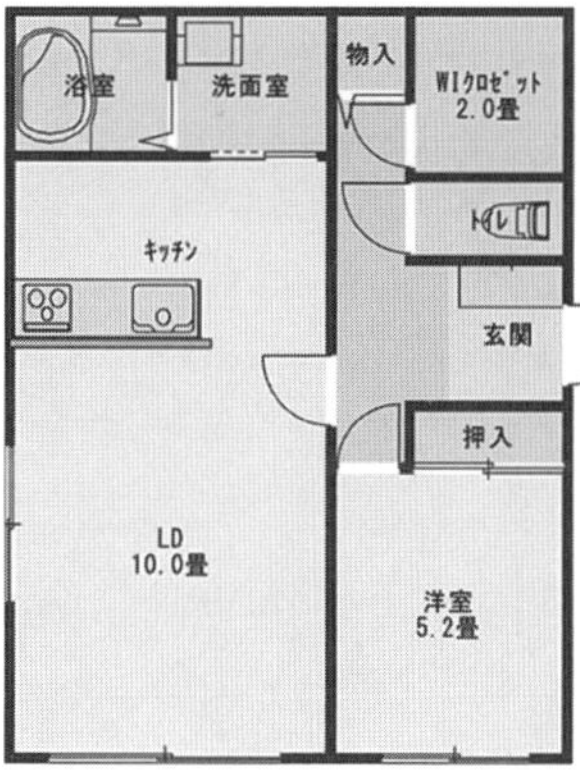

変更後（2階）

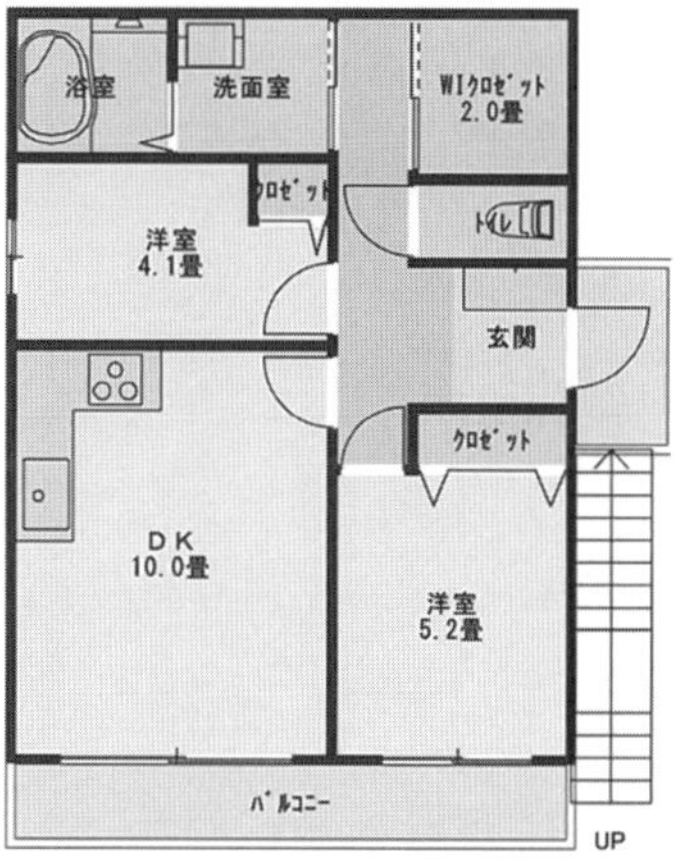

ただし、より重要なことは、2階の玄関の位置がどこにくるかであり、2階の玄関に通じる外階段を設置できる敷地スペースがあるかどうかが大きなカギとなります。

一般的な住宅では、外階段をつけられるほど敷地に余裕がない、あるいは、外階段をつけると1階の玄関に入りづらくなるなど、敷地スペースに余裕がないことが多いものです。

○賃貸できる住宅なら資産の組み換えがしやすくなる

1階と2階とで玄関が独立している場合には、別々に賃貸することができますので、一棟全体を収益用不動産とすることもできます。

毎月の賃料収入がきちんと得られる不動産は、資産としての流動性が高まることが期待できます。すなわち、賃貸収入だけでなく、売却に関する流動性も高まり、まとまった資金が必要な場合には、比較的短期間で住宅を売却することもできます。

このように、複数世帯用に間取りの変更が比較的容易にできる住宅は、ライフステージの変化に伴って毎月の賃料収入を得られるようにもなり得ます。

また、移住などの住み替えをしたい場合にも、売却しやすいためライフプランニングにおける資産の組み換えが容易になるメリットがあります。

人生100年時代が近づく日本社会においては、住宅の住み替えやすさは大事な要因となります。住み替えをスムーズに行う際に重要なのが、住宅を買い替えるための資金力です。その資金をスムーズに得るために、住宅の売りやすさは重要な要素となります。

○賃貸運用と売却のしやすさは利便性が大事

このような賃貸については、あくまで「安定した賃貸運営ができること」が必須となります。つまり、きちんと入居者が入り、間取り変更を行った建築工事のコストを一定期間のうちに回収できることが求められます。

賃貸用に間取りを変更する場合、あまり不便な立地の住宅では安定した入居者が入らず、賃料収入の見込みが薄くなります。

こうした点をあまり考慮せず、子供のため、家族のためにと、広めの間取りを求めて郊外へと購入の選択を広げたことを後悔するケースも少なくありません。

繰り返しになりますが、この点からも住宅の購入については何より「利便性」を重要視したほうがよいと考えます。

他方で、立地条件が優れた戸建て住宅であれば、わざわざ2階の間取りを変更しなくても、そのまま一棟戸建ての間取りでも借り手が十分つく場合もあります。

また、場所がよければ、子供世帯が将来使用する可能性も高まるため、相続における資産性においても優れたものとなります。

○建物の価値は水まわり設備の取り換えやすさに影響される

利便性のほかに、住宅の価値について考えると、「建物がいかに長期にわたって使用することができるか」によって価値が左右されるといえます。

建物がどれほど長く使用できるかは、実は、建物の構造躯体よりも、むしろ建物内の水まわりに関する設備の状況に大きく影響される場合が多くあります。

建物本体である構造躯体自体は30年あるいは40年にわたって使用できても、水まわり設備などは、およそその半分程度の期間、あるいはそれ未満の耐用年数である場合が多いからです。それゆえ、これらの設備について取り換えやすいことが建物の価値に影響するわけです。

たとえば、中古住宅を購入する場合において大いに頭を悩ませる問題が、キッチンやお風呂などの水まわり設備に関するリフォームコストでしょう。

壁紙などの内装は比較的低コストで取り換えられ、壁紙をすべて張り替えるだけで内装の状態は新築と見違えるものとなりますが、水まわり設備に関しては、ハウスクリーニング業者などを入れてもなかなか納得のいくところまで綺麗にならない場合もあります。また、機能的な劣化が激しい場合もあります。

キッチンやお風呂の取り換え工事について見積り金額が高額になるようであれば、そのコスト分を価格交渉の材料として使うことができますが、逆の立場で考えますと、水まわり設備が取り換えにくく、交換工事費用が高額になる住宅は、いざ売却しようとした際に、その分の費用コストを値引きされやすい住宅です。すなわち、売却時の価値が低いということになります。

さらに、飲用である上水道の配管設備の更新が事実上できないような建物であれば、その飲用自体が健康に害を及ぼすことも考えられ、長く使用できる建物であるとみなされにくくなります。むしろ、建物を解体することが適切な場合さえあります。

ですので、敷地内に分岐配管されている給水管についても、きちんと取り換えがしやすいものとなっているかどうか注意が必要であり、これらの適切な判断ができる不動産業者に相談をするべきです。

第3章

購入後に後悔しないための
チェック方法と住宅保証の知識

チェックポイントの
リスト付き!

1 中古住宅は素人でもいい物件を見極められる

○中古住宅は欠陥があれば素人でもチェックできる

住宅購入を検討している多くの人は、「中古住宅よりも新築住宅のほうが、欠陥のない物件が選べる」というように考えているようです。しかし、それは誤解です。

実際は、中古住宅の場合、欠陥があればすでに症状が表面化しているため、購入前に確実にチェックを行うことで、よい物件を見極めることができます。

欠陥住宅といわれる代表的な症状は、家の傾き・雨漏れ・強度が弱いというものです。このような欠陥は、家が建ってすぐに症状が表面化することは少なく、数か月~1年程度の時間がかかります。

そのため、新築住宅の場合は購入して住んでから欠陥が発見されるケースが多く、購入

■中古住宅の問題点はすでに出ている

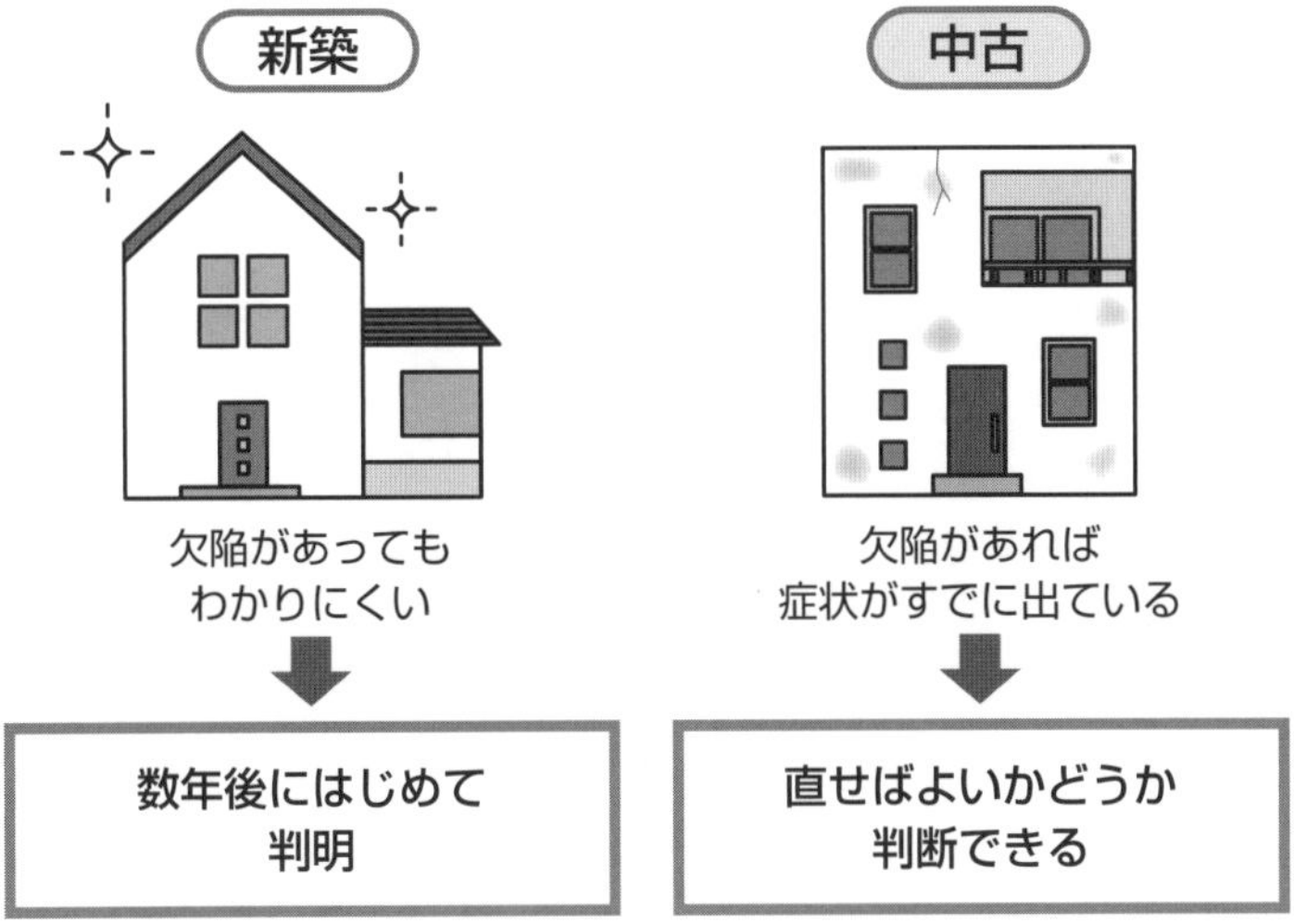
新築
欠陥があっても
わかりにくい
数年後にはじめて
判明
中古
欠陥があれば
症状がすでに出ている
直せばよいかどうか
判断できる

後に後悔するケースも多々あります。

一方、**中古住宅の場合は欠陥があるか否かは、すでに症状として表れています。そのため建築の詳しい知識がなくても欠陥があるかどうかを簡単にチェックできる**というメリットがあります。

中古住宅を買う前に本章でお伝えする建物チェックをしっかりと行えば、住んだあとに「最近、家が傾いてきたかも……」とか「床が抜けた！」などのトラブルは回避しやすくなります。

住宅は大きな買い物です。住んでから後悔しないためにも、確実な検査方法を知っておきましょう。

2 物件を見に行く前に準備しておくこと

○物件は3回見てチェックすべし

住宅を購入するために物件を見に行く場合は、賃貸物件を見に行くときと同じ感覚で、単に「見た目」や「間取り」をチェックするだけでは不十分です。

長く住まう家だからこそ、「資産として価値のある物件か」「実際に住んでみて住みやすいか」などを見極める必要があります。そのため、物件を3回見ることをお勧めしています。なぜ3回必要かというと、次のような目的で見てほしいからです。

1回目：建物外観と環境チェック
2回目：内覧による間取りチェック
3回目：建物全体の引渡し前チェック

■建物外観・環境のチェックポイント

場所		主なチェック項目	良否
外観	建物	見た目はイメージどおりか	□良　□否
		汚れなど全体の印象は悪くないか	□良　□否
	庭など	広さや清潔さは問題ないか	□良　□否
環境	周辺道路	交通量・街灯・治安は問題なさそうか	□良　□否
		道路の広さは緊急車両が出入りできるか	□良　□否
	騒音	自動車・近隣・ペット等の騒音は気にならないか	□良　□否

○1回目……外観と環境チェックはライフスタイルと合わせて検討

まず、1回目のチェックは、ご家族だけで足を運び、建物を外から確認してみましょう。

外観が理想の家に近いか、周辺環境が自分たちの描くライフスタイルに合っているのかをチェックしてください。

建物がいくら理想的であったとしても、周辺道路の騒音がうるさかったりしたら、理想の生活とはいえません。長く住む家だからこそ、駅からの距離はどうか、夜の道は明るいか、病院は近いか、お子さんの通学路は安全かなど、周辺環境が理想のライフプランと合っているかをしっかりと確認するといいでしょう（上図参照）。

○2回目……内覧による間取りチェックで寸法を確認

外観や周辺環境をチェックしてよい物件だと思ったら、不動産会社の担当者と一緒に2回目のチェックとして内覧を行います。

住みやすい間取りかどうかはもちろん、設備や、コンセントの位置などを確認しますが、**忘れずに確認してほしいのが「家の間取りが家具や車と合うかどうか」**です。

「車を入れたら自転車が置けないことが住んでからわかった」「引っ越し前に買った洗濯機が合わなかった」といったトラブルをなくすために、物件を見に行く際は家具や家電の寸法表を持参しましょう。

寸法を事前に測っておくべきものは、ベッドやタンス・テーブル等の大型家具や、冷蔵庫・洗濯機・エアコン・テレビ等の家電、自動車などです（左ページ図参照）。

引っ越し後に新しいものを購入しようと考えている場合は、その製品のサイズをカタログなどで見ておくことをお勧めします。

■家財寸法チェック表

名称	縦	横	高さ
ベッド	mm	mm	mm
タンス	mm	mm	mm
ダイニングテーブル	mm	mm	mm
勉強机	mm	mm	mm
冷蔵庫	mm	mm	mm
洗濯機	mm	mm	mm
エアコン（リビング）	mm	mm	mm
エアコン（寝室）	mm	mm	mm
車	mm	mm	mm
	mm	mm	mm
	mm	mm	mm
	mm	mm	mm
	mm	mm	mm
	mm	mm	mm

■2回目の内覧チェック時にあると便利な道具

- **クリップボード**…図面や寸法表をはさんでもち歩く
- **ボールペン**…寸法や気づいた点をメモする
- **カメラ**…間取りなどを記録する
- **メジャー**…間取りの寸法を測る（5m程度のものがお勧め）

また、物件を見に行った際には、間取りを測る・写真を撮影するなどして、引っ越し後の生活をあとからじっくりとシミュレーションすることも大切です。

そのため、物件の内覧前に、図面をもらえるよう忘れずに不動産会社に依頼をしておきましょう。そうすることで引っ越しに向けて事前に家具やカーテンなどを準備しておくことができるため、新生活がスタートしやすくなります。

■2回目の内覧チェック時にあると便利な道具

・クリップボード……図面や寸法表をはさんでもち歩く
・ボールペン……寸法や気づいた点をメモする
・カメラ……間取りなどを記録する
・メジャー……間取りの寸法を測る（5メートル程度のものがお勧め）

○3回目……建物全体の引渡し前チェックは不具合がないかどうか確認

内覧後に検討をした結果、その物件を購入すると決めたら、引渡しが行われる前に3回目の建物全体の引渡し前チェックを行い、不具合や故障がないかを細かく確認します。

■3回目の最終チェック時にあると便利な道具

- **クリップボード**…図面や寸法表をはさんでもち歩く
- **ボールペン**…気づいた点をメモする
- **カメラ**…気になる箇所があった際に記録として撮影しておく
- **メジャー**…間取りの寸法を測る（5m程度のものがお勧め）
- **クラックスケール**…基礎や外壁にひび割れがある際、ひびの幅を測る際に使用する
- **懐中電灯**…床下や屋根裏などの暗い場所を確認する際に使用する
- **軍手**…外まわりを見る際に手が汚れるのを防ぐために使用する

3回目のチェックでは、不具合がないか欠陥がないかを詳細にチェックし、修繕が必要な個所があれば修繕の交渉をする必要があります。

住んでから「不具合があった」「これは引渡し前からあった」といっても、このチェックで指摘をしないと「証拠がない」となってしまい、修繕はすべて自己負担になってしまいます。

このように住んでから不利益を被らないためにも、3回目のチェックは非常に重要です。このときのチェックポイントについては次項（83ページ）で詳しく説明をしますが、まずはその際にあったほうがいい道具を紹介します。

■3回目の内覧チェック時にあると便利な道具

・クリップボード……図面や寸法表をはさんでもち歩く
・ボールペン……気づいた点をメモする
・カメラ……気になる箇所があった際に記録として撮影しておく
・メジャー……間取りの寸法を測る（5メートル程度のものがお勧め）
・クラックスケール……基礎や外壁にひび割れがある際、ひびの幅を測る際に使用する
（94ページ写真参照）
・懐中電灯……床下や屋根裏などの暗い場所を確認する際に使用する
・軍手……外まわりを見る際に手が汚れるのを防ぐために使用する

3 素人でもできる建物のチェック四つのポイント

ここでは、3回目のチェックで行う建物チェックで大切な四つの視点をお伝えします。

①便利さ……間取りや生活導線等も含めた使い勝手、住みやすさのチェック

長く生活する家だからこそ、自分のライフスタイルや将来のライフプランに合っているかを考えることは大切です。詳しくは次項（86ページ）で説明します。

②故障……ドアや窓、設備機器などが正しく動作するか破損していないかのチェック

中古住宅の場合は、ある程度の機能低下はやむを得ませんが、生活に支障があるようであれば修理が必要になります。とはいえ、あまりにも修理が必要な箇所が多いと、中古住宅を買う金銭的なメリットが少なくなってしまいます。

そのため、住宅購入後に修理箇所が増えて予算をオーバーしないよう、しっかりと一つひとつのドアや窓、設備機器の動作確認をしましょう。

窓やドアの開閉しずらい箇所には、場合によっては大きな欠陥が隠れていることもありますので、とくに注意して確認してください。

設備機器については、動作確認をしながら同時に過去に不具合が出ていないかをヒアリングで確認しておくことも大切です。

また、設備機器は一般的には10～15年で耐用年数が来ることが多いため、設置時期も確認しておくとよいでしょう。

③美観……汚れや傷などの性能には問題がない見た目のチェック

中古住宅は新築とは違い、どうしても生活上の傷や汚れがついてしまいます。しかし、度を越えた汚れや傷がないかどうかは確認しましょう。

気になる場合はリフォームすることも可能ですが、たとえば壁紙の全面張り替えなどになるとコストがかかるため中古住宅を購入するメリットが下がってしまいます。

また、壁紙などの汚れは引っ越しをすればつきますし、お子さんが小さいうちは汚れや傷などもすぐにつきます。そのため、ある程度お子さんが大きくなってからリフォームをするという考え方もあります。

ぜひ「今、リフォームが本当に必要か」という視点で考えて、必要ならばリフォームで対応することとしておくとよいでしょう。

④構造……建物の耐震性や防水性能にかかわる構造上の問題がないかのチェック

構造チェックはプロでないとできないと思われがちですが、中古住宅の場合は、75ページで述べたように新築住宅と違って不具合が表面化していることが比較的多いため、素人でも一次検査をすることは十分に可能です。

ただし、本当にそれが不具合や欠陥なのかを最終的に判断することは困難ですし、修繕が必要かどうかの判断をすることも困難です。そのため、構造で気になる箇所が見つかれば、専門のホームインスペクション業者（住宅診断業者。116、222ページ参照）に検査を依頼し、プロの目による詳細な検査をしてもらうとよいでしょう。

4 物件選びで一番大切な「住み心地」のチェック

○室内の住み心地チェック

2回目のチェックである「内覧による間取りチェック」では、主に住み心地のチェックを行います。

主に、次の六つの項目を確認してください。

長く生活する家だからこそ、自分のライフスタイルや将来のライフプランに合っているかを考えることが大切です。

足腰が弱ってきたときを想定して生活がしやすいか、バリアフリー・リフォームがしやすいか等も考える材料に入れるとよいでしょう。

■写真１　地下室などは換気扇がないと湿気がたまりやすい

①間取り

実際に家具を置いて住んだ場面を想定して、使いやすいかどうかを考えてみましょう。都心によくある、半地下物件や地下室のある物件は、防音性に優れていて使い勝手がよい反面、湿気がたまりやすく壁紙や家具・衣類などにカビが生えてしまうことがあります。

とくにクローゼット内は要注意です。生活面でも支障がありますが、同時に健康面での支障が出る可能性があるため、クローゼット内にカビが生えていないかを確認することをお勧めします。

地下部分がある物件の場合は、壁紙や床にカビの跡がないかを確認してください。換気扇が設置してあり、窓を開けなくても十分換気ができるかどうかも重要なポイントです（写真1）。

窓を開けないと換気ができない場合、夏場や冬場の冷暖房効果に影響があるため、長い目で見るとマイナス要素が多いといえます。

②コンセント

コンセントの数は少なくないか、使いやすい位置にコンセントがあるかを確認しておきましょう。

また、電気スイッチの位置や、電話やインターネット接続、TVアンテナなどの設置場所も確認しておきましょう。室内が配線だらけになってしまわないように住んだあとのことを想像してみましょう。

③電波障害

部屋のなかの場所によっては、携帯電話の電波が弱いことがあります。

「引っ越したら今まで使っていた携帯電話が使えなくなった……」「ちょうどベッドを置く位置に行くと圏外になる」といった話もたびたび耳にします。

そのため、使用する携帯電話会社の電波が入るかどうかは、各部屋の中でチェックしておくことをお勧めします。とくに奥の部屋の隅っこなどで電波状況をチェックしておいてください。

テレビの電波も同様です。「この家だけ○チャンネルがきれいに映らない」などの問題が発生することがあります。ただし、テレビの電波に関しては、その場でチェックすることが難しいため、売主や不動産会社に口頭で確認しておくとよいでしょう。

④防犯

玄関ドアが道路から見えない位置にあると、空き巣に狙われやすくなります。玄関ドアが道路から見える位置にあると通行人から見えるリスクがあるため、それだけで空き巣が狙いにくくなります。

この数年以内に発売された玄関ドアは、ピッキングがしにくい鍵になっているなどセキュリティ対策が強化されています。

空き巣対策としては、1階の窓にはシャッターや面格子がついているか必ず確認しましょう。これらがないと空き巣に狙われやすくなります。

また、過去に空き巣が入ったことがないかも口頭で確認してください。家自体が狙われやすいかどうかがわかります。

⑤窓

リビングの窓がどんなに大きくても、窓の前が隣家の玄関だったら、ほとんどカーテンは閉めっぱなしになってしまいます。

また、目の前に隣家のキッチンの換気扇があったら臭いが気になって窓が開けられない場合もあります。そのため、窓があるかどうか、陽の光が入るかどうかだけではなく、ちゃんと開けられる窓かどうかを見極めましょう。

⑥給湯設備や下水設備

給湯設備や下水設備については、住んだあとの生活コストや維持管理コストにかかわってきますので、必ず確認をしておきましょう。各設備のメリット・デメリットは以下の通りです。

・給湯設備

都市ガス：災害時の復旧に最も時間がかかるが、月額コストは安い

■住み心地を確認するチェックポイント

場所		主なチェック項目	良否
室内	間取り	家具や家電は問題なく置けそうか	□良　□否
		間取りの使いやすさ（生活導線）は問題ないか	□良　□否
		ドアの開閉時の安全性は確保されているか	□良　□否
		半地下物件は、カビや湿度の状態は問題ないか	□良　□否
		吹き抜けがある場合、空調の効きは問題ないか	□良　□否
	コンセント	コンセントの数と使いやすさ	□良　□否
	TV、電話等	スイッチ、ＴＶアンテナ、電話ジャックの位置	□良　□否
	電波障害	携帯電話の電波	□良　□否
	防犯	玄関や1階の窓の防犯対策はできているか	□良　□否
近隣	間取り	隣家の窓やドアの位置	□良　□否
		エアコン室外機や換気扇の位置	□良　□否
設備	給湯設備	都市ガス・オール電化・プロパンガス	□良　□否
	下水	公共下水・浄化槽	□良　□否

オール電化：停電時には電気もコンロも使用できない、エコキュートなどでは蛇口から出るお湯はそのまま飲めない、場合によっては電気代が高額になるケースもあるがガス漏れなどのリスクがない

プロパンガス：都市ガスと比べて1・5～2倍コストが高いが、災害時の復旧が早い

・下水設備

公共下水：下水処理の料金が月々かかる

浄化槽　：下水料金はかからないが、維持管理費で年間5万円程度かかる

この住み心地チェック（91ページ図参照）で購入してもよいとなったら、実際に物件を購入するかどうか検討しましょう。そして、購入を決めた場合は、家に構造上の問題がないかなどの具体的なチェックに進んでいきます。

5 欠陥などがないかを見る「外部」のチェック方法

建物外部のチェックでは、「故障」「美観」「構造」の3項目をチェックします。「故障」や「美観」は実際に動作をしてみて不具合がないかや、見た目で判断ができるため、ここでは一番重要な「構造」を中心に6項目に絞って説明をしていきます。

○第1のポイント…「基礎」はこの3点を見る

基礎は建物を支える重要な部分なので、基礎の表面に次の三つの症状がないかを必ず確認してください。

基礎の不具合は建物の強度維持に直結する問題であるため、見落としてしまうと建物自体が長く住めない状態になるので早期発見が重要です。

■写真2　クラックスケールの使い方

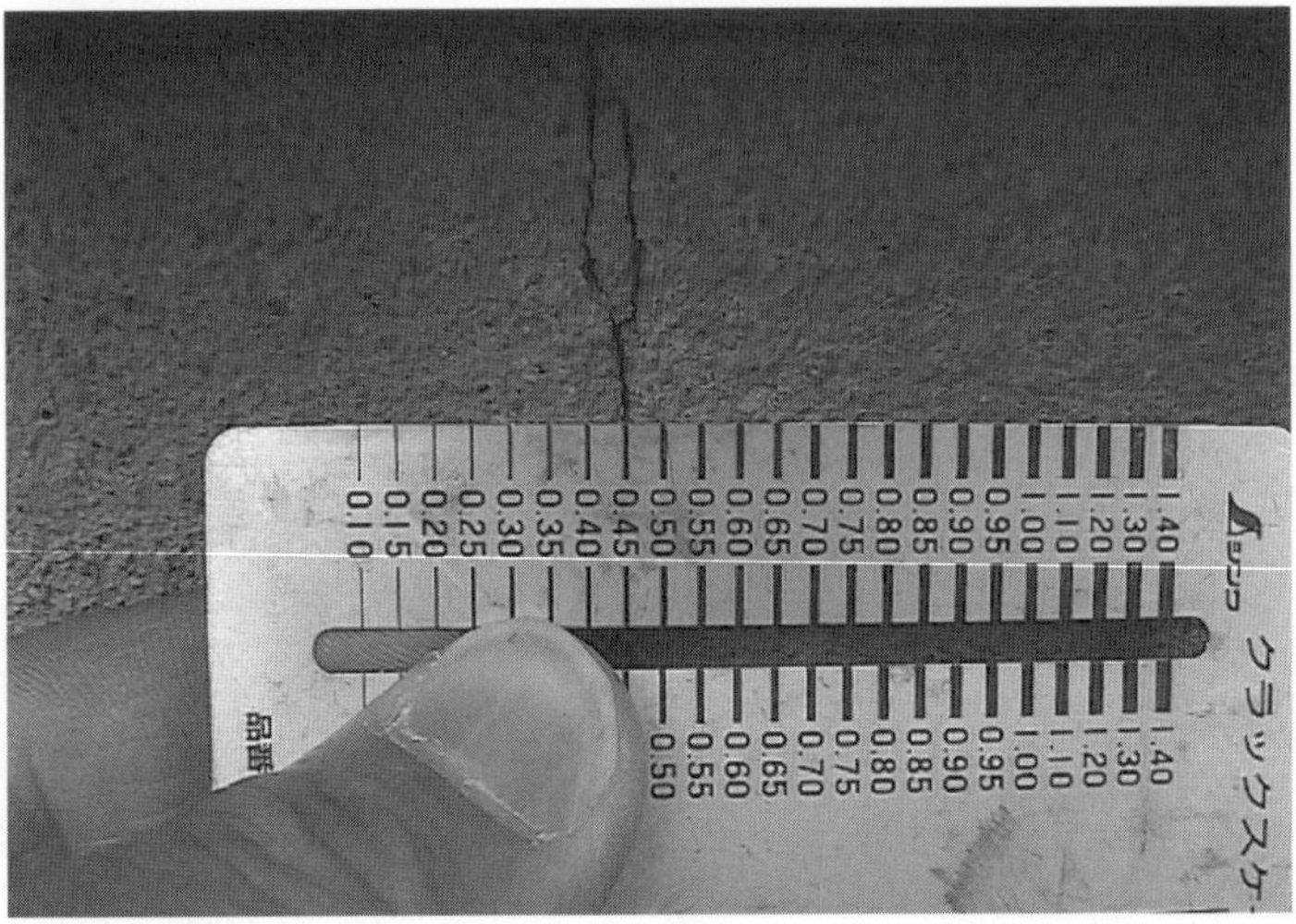

①幅2ミリ以上のひび割れ（コンクリートがむき出しの場合は幅0・5ミリ以上のひび割れ）
②さび汁
③蟻道《ぎどう》（白蟻の通り道）

①について、ひび割れのサイズを測る際は、クラックスケールを使用して幅を計測します（写真2）。

②について、基礎のひび割れた箇所から赤茶色のさび汁が出ている場合、基礎の鉄筋がさびてしまい、コンクリートの強度が低下している可能性があります。

③について、蟻道があると、建物が白蟻の

被害を受けている可能性があります。蟻道は、アリの道で、基礎の表面などについている細長いトンネルです。白蟻が土や排泄物などでつくり茶色っぽいのですぐにわかります。とくに建物脇に物置などが置かれている場合は、その裏側も確認しましょう。

○第2のポイント…「外壁」はこの3点を見る

外壁のチェックは、主に防水性能の確認です。以下の三つを見てください。

①外壁がサイディングの場合、塗装に劣化がないか
②サイディングの継ぎ目のコーキングに劣化がないか
③外壁にひび割れがないか

①について、サイディングと呼ばれる外壁材が使われている場合は表面を素手で触り、手のひらに白いチョークの粉のようなものがつかないかを確認しましょう。

付着した場合は、表面塗装の劣化が進んでいる可能性があり、購入後の早い時期に外壁塗装の工事をしなければ外壁材が劣化してしまいます。最悪の場合、交換しなければならなくなります。

②について、サイディングの継ぎ目にあるコーキング材（継ぎ目に充填するパテなどのこと）は、新築時はゴムのように弾力性がありますが、築年数が経過するにつれ固くなり、5～10年でひび割れがおこる場合があります。

放置するとコーキング材の隙間から雨水が建物内部に侵入しやすくなります。その結果、雨漏れなどの重大な不具合が生じる可能性があります。この場合も大規模な外壁リフォームが必要になる可能性があるため細かくチェックしましょう（写真3）。

③について、外壁表面にひび割れや大きな破損がないかを確認します。外壁材は風雨から建物の構造部分を守るうえで重要な部材であるため、損傷を放置することがないよう建物全体をチェックしてください。

○第3のポイント…「屋根」は破損だけでなく色を見る

屋根については、屋根瓦の破損や欠けがないか、できるかぎり目視で確認しましょう。

■写真3　外壁コーキング材の劣化がないかどうか

■写真4　屋根は変色していないか確認

スレート屋根の場合は、劣化すると白や茶色などに変色しますので、その点も確認が必要です（写真4）。屋根の欠損などがある場合、屋根裏に雨水が侵入している可能性があり、構造体部分が腐食したり劣化している可能性が考えられます。

○第4のポイント…「給湯設備」は購入年月日を確認する

給湯設備は通常、15年前後で交換が必要なため、いつ購入したものか必ず確認してください。交換時期が近い場合は住宅の購入代金に加え、これら設備の交換費用も考えておく必要があります。

また、給湯設備にさびが出ていないかや、給湯器の下に水が垂れていないかをチェックしてください。これらも給湯器の劣化状況や交換時期を判断するうえでは重要なチェックポイントになります。

○第5のポイント…「バルコニー」は防水だけでなく全体をチェックする

バルコニーで最も重要なチェックポイントは、防水面のひび割れです。ここを放置する

■写真5　バルコニーは防水面とともに下側をチェック

・バルコニーは床の防水面のひび割れを確認

・バルコニーの下側に水シミがないかチェック

と1階の天井部分の雨漏り等につながりますので、しっかりと確認をしましょう。

バルコニー床面が防水シートの場合は、表面に亀裂がないかを確認します。ひび割れや亀裂が発生していると防水性能の劣化が考えられ、場合によっては防水シートの補修や張り替えが発生してしまいます。

そのため、建物外周を確認するときは、バルコニーの下側付近に雨漏りによる水シミがないかを確認してください（写真5）。

また、外壁や手すりがぐらついていないかの確認や、物干し金物がさびていないかもチェックし、劣化状況を確認します。

○第6のポイント…「外構」は交換なしで使えるかを確認

外構には、庭土や駐車場、フェンス、ポスト等さまざまな部材があります。それぞれの動作確認や庭や駐車場にある水栓からの水漏れがないかなどを確認してください。

次ページにチェックリストを掲げました。これらが交換なしでそのまま使用できるかをチェックしておきましょう。

■外まわりのチェックポイント

場所		主なチェック項目	良否
建物本体	基礎	ひび割れ・欠け・さび汁	□良　□否
		蟻道（白蟻の被害）	□良　□否
	外壁	ひび割れ	□良　□否
		表面塗装・コーキングの劣化	□良　□否
	雨どい	はずれ・破損	□良　□否
	屋根	破損・表面塗装の劣化	□良　□否
	電気設備	インターホン・照明の故障	□良　□否
	給湯設備	破損・さび・水漏れ	□良　□否
	エアコン室外機	破損・さび・異音	□良　□否
	バルコニー	床面の破れ・ひび割れ	□良　□否
		排水口の詰まり	□良　□否
		手すり・物干しの破損	□良　□否
		バルコニー下側の水シミ	□良　□否
外構	水栓	水漏れ・破損	□良　□否
	水道メーター	水漏れ・破損	□良　□否
	駐車スペース	ひび割れ・さび・破損	□良　□否
	境界	フェンス・塀の破損・さび	□良　□否
		擁壁の破損	□良　□否

6 住宅検査のプロが行う「室内」のチェック方法

室内の基本的なチェック項目は、外部と同様に「故障」「美観」「構造」の三つです。とくにドアや窓、水まわりの機器などは故障がないかのチェックは確実に行いましょう。ここではとくに重要な5項目に絞って解説します。

○第1のポイント…「床」は歩いて確認

床のチェックは「歩行体感」が原則です。よくいわれる水平器やビー玉を転がす方法は、正しい専門知識がないと本当は不具合でないものを不具合と勘違いしてしまう可能性があります。

木材を使用したものは多少の反りなどが発生するのは防げません。そのため、中古住宅であれば、水平器を使うと多少のずれは生じますし、ビー玉がまったく転がらないという家もほとんどありません。

そのため、室内のチェックでは、まずは歩いた際に以下の3点を確認してください。

①1階の床で金属が鳴る音がないか
②床の沈みがないか
③生活に支障のある床の傾斜がないか

①について、1階を歩いた際に「カコン」という金属音がする場合は、床下にある「鋼《こう》製束《せいづか》」という床を支える金属部品の締めつけが緩んでいる可能性があります。この場合は修理を依頼しましょう。

②について、床のきしみは、極端に大きな音でなければ気にする必要はありません。床のきしみより重要なのは、床の沈みです。踏み込んだときに床が沈む場合は、床を支える木材が腐ったり傷んだりしている可能性があります。

③について、家を買う人が一番気にする床の傾斜ですが、木造であれ鉄骨であれ、木材を使用すれば必ず若干の傾斜は生まれます。気をつけなければいけないのは重大な欠陥で

すが、これを確認するポイントは次の二つです。
・通常は転がらないものを机等の上に置いた際に転がって止まらないという状況がないかを確認する（たとえばシャープペンや丸い消しゴムなど）
・売主（オーナー）へこのような事象がないかのヒアリングをする

もしも気になる点があれば、プロのホームインスペクション業者に調査を依頼することをお勧めします。

○第2のポイント…「壁・天井」はシミとカビを見る

壁や天井のチェックで重要なのは、防水性能と換気状態のチェックです。次の3点を確認しましょう。

①水シミがないか
②カビが生えていないか
③ひび割れていないか

①について、雨漏れや水漏れがあると、壁紙が変色し、触ると柔らかくなっています。このような状況では大規模な修繕工事が必要となります。

②について、壁紙にカビが生えている場合は、換気が不十分であるといえます。カビがひどい場合は、①同様に構造体に影響が出ている可能性があります。

③について、壁紙の隙間などは部材の乾燥収縮などで発生するものですが、見た目だけの美観の問題であるケースが多いため、隙間を埋めるコーキング材などを充填することで対応ができます。

しかし、壁紙がひび割れて裂けているケースは、家が建ったあとに木材が動いた可能性があり、重大な不具合が隠れていることもあるため入念に確認しましょう。

○第3のポイント…「水まわり」は水漏れがないか確認

水栓などの器具の動作確認などをひと通りチェックしますが、水まわりで一番重要なのは水漏れがないかの確認です。

水漏れは建物の劣化に直結しますので、シンク下の収納や便器まわりなどで水シミがないかは必ずチェックしましょう。

キッチンや洗面所のシンク下で下水の臭いがする場合は、排水管が外れている可能性があります。チェックをする際はシンク下をのぞき込むなどして、とくに丁寧に確認をしてください（写真6）。

○第4のポイント…「床下」の基礎はひび割れ、さび汁、蟻道をチェック

床下は、1階に1か所か2か所ある床下収納庫や点検口からのぞき込んで懐中電灯を使ってチェックしましょう。

基礎コンクリートの劣化や白蟻の被害がないか、水漏れがないかのチェックが目的です。とくにこの箇所は居住者の方が不具合に気づいていないことが多いため、必ず確認しておきましょう。

床下の基礎の確認項目は93ページの「外まわり」と同じです。床下では幅0・5ミリ以上のひび割れがないかを確認してください。また、床下で給水管や排水管で水漏れがないかも確認します（写真7）。

■写真6　シンク下は水漏れをチェック

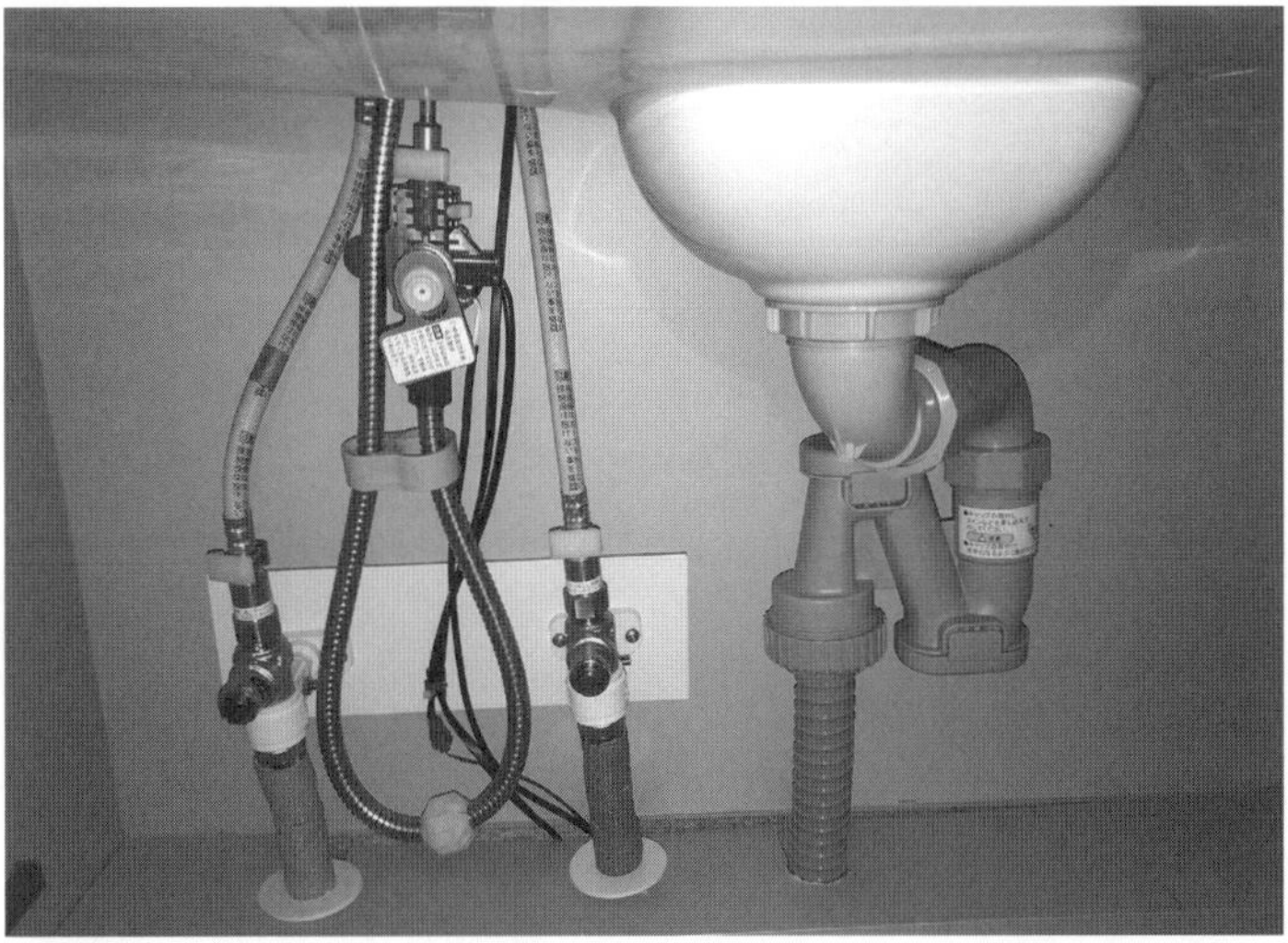

■写真7　床下はひび割れやさび汁を見る

○第5のポイント…「小屋裏」は雨染み、小動物をチェック

小屋裏というのは、屋根と天井との間の空間で、いわゆる屋根裏のことです。

小屋裏も床下同様、居住者が普段見る箇所ではないため、不具合が出ていても気づいていない可能性のある箇所ですので、必ずチェックします。

物件によっては点検口がない場合もありますが、安全にのぞける場合は、懐中電灯を使って以下の二つを確認しましょう。

①雨染みがないか（屋根瓦の裏側）
②動物のフンがないか（天井裏の木材の上）（写真8）

台風などでモノが飛んできて当たり、瓦が破損しているケースや、施工不備による雨漏りがないかの確認です。また、鳥や小動物が小屋裏に巣を作っているケースもあるため、のぞき込んだ際は臭いなども確認しておきましょう。

■写真8-1　小屋裏の確認

■8-2　小屋裏の点検口の例

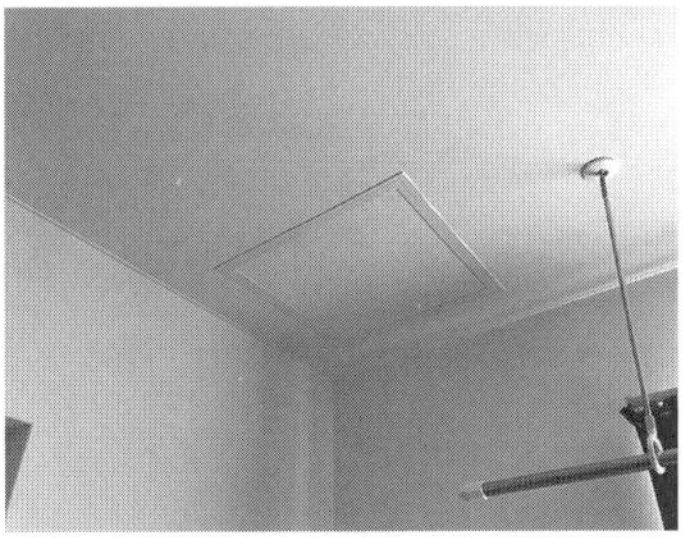

以上が、室内でチェックをすべき重要項目です。

ただし、ここで紹介したのは、あくまでも建築のプロでなくてもできる簡易検査と判断基準です。そのため、ここに該当するものがあったら欠陥住宅というわけではありません。

重要なことは、疑わしい箇所があった場合はしっかりと確認するということです。

まずは売主や不動産会社に確認し、それでも納得できない場合は、ホームインスペクションの業者へ確認依頼をするなどの対応をお勧めします。

110ページに室内の重要チェックポイントのリストを掲げました。参考にしてください。

■室内の重要チェックポイント

場所		主なチェック項目	良否
室内全般	玄関ドア 窓・シャッター 網戸	施錠・開閉に問題がないか	□良　□否
	ドア・収納	施錠・開閉に問題がないか	□良　□否
	床・階段	傾斜・沈み・きしみがないか	□良　□否
	壁・天井	はがれ・水シミなどがないか	□良　□否
	手すり・棚 タオル掛け	ぐらつき・破損がないか	□良　□否
水まわり	水栓	水漏れ・破損がないか	□良　□否
	換気扇・コンロ	故障・汚れ・異音がないか	□良　□否
	キッチン 洗面台 浴室	破損や汚れがないか	□良　□否
	トイレ	水漏れや便座の故障がないか	□良　□否
その他	給湯リモコン インターホン その他設備	故障がないか、使用期限が過ぎていないか	□良　□否
床下	基礎	ひび割れやさび汁がないか	□良　□否
		蟻道（白蟻の被害）が見えないか	□良　□否
	水まわり	水漏れがないか	□良　□否
小屋裏	構造体	破損・雨染みがないか	□良　□否
		動物被害の跡（フンなど）がないか	□良　□否

7 仲介業者への重要書類の確認ポイント

ここでは、建物本体のチェックとは別に、購入する前に業者へ確認しておいてほしい書類や文書を七つご紹介します。

①建物検査書類

新築時に所有者がもらう**「確認済証」**と**「検査済証」**があるかの確認です。どちらも、すべての物件について必ずあるというわけではなく、ないからといって違法建築というわけではありません。

しかし、この「検査済証」が住宅ローンの申請に必要になるケースが増えてきているため、住宅ローンの申請を考えている金融機関にも確認しておくことをお勧めします。

②建物本体の保証書類

建設会社から発行されている**「保証書」**と**「保証約款」**があるかの確認です。

③防蟻処理の保証書

白蟻被害を防止するための処理（防蟻《ぼうぎ》処理）の保証書を確認します。防蟻処理の保証期間が何年残っているか確認すれば、次回いつ頃に防蟻処理をすればよいかがわかります。

④点検・メンテナンスの履歴

定期点検記録やアフターメンテナンスの履歴があるかを確認しましょう。点検・メンテナンスの履歴があれば、必ず確認します。これまでにどんな不具合があり、どんな補修が行われてきているかを確認できます。

２００９年以降に建った住宅のなかには、長期優良住宅（128ページ参照）に認定されている物件もあります。この場合は、設計・工事・アフターメンテナンス・改築などの**「住宅履歴情報」**の保存が義務づけられているため、確実な履歴情報が確認できます。

⑤物件状況確認書

中古住宅の場合、売主が建物や土地・周辺環境の状況について重要事項説明とともに買主に報告をする**「物件状況確認書」**（114ページ参照）等の書面が添付される場合があります。

具体的には、過去に雨漏りがあったか、白蟻の被害があったか、地盤の沈下があったか、電波障害の有無、近隣トラブルの有無などの重要事項が記載されていますので、必ず内容を確認し、不明点があれば口頭で確認することをお勧めします。

この書類の記載内容に虚偽があれば、売主の契約条項違反となります。しかし、記載方法は「知らないか・知っているか」「発見していないか・発見しているか」です。

実際には不具合事象が売買の前からあったとしても、売主が「知らなかった」場合は虚偽報告にはなりません。そのため、買主自身の目で物件をチェックする必要があります。

⑥付帯設備表

エアコンや照明、便座などの設備機器は売主が売却時にもっていくケースもありますし、そのまま残すケースもあります。**「付帯設備表」**（115ページ参照）は、建物にある設備のうち、何が住宅と一緒についてくるかを記載した書面です。付帯設備表に記載があり、購入者自身でも同様の設備を所有している場合は、事前に取り外してもらえるよう交渉することも大切です。

■物件状況確認書（例）

売主は、売買物件の状況について、以下の通り現在知っている状況を買主に説明いたします。なお、売買物件には経過年数に伴う変化や、通常使用による磨耗・損耗がありますのでご承知おきください。

①雨漏り	ア．現在まで雨漏りを発見していない イ．過去に雨漏りがあった箇所： 修理：（未・済）昭和・平成　　年　　月頃 ウ．現在雨漏りがある箇所：
②シロアリの害	ア．現在までシロアリの害を発見していない シロアリ予防工事：（未・済）昭和・平成　　年　　月頃 イ．過去にシロアリの害があった箇所： シロアリの駆除：昭和：平成　　年　　月頃 被害箇所の修理：（未・済）昭和・平成　　年　　月頃 ウ．現在シロアリの害がある箇所
③腐蝕（発見していない・発見している）箇所：	
④建物の傾き（発見していない・発見している）箇所：	
⑤火災等の被害（知らない・知っている）　年　月頃　箇所：	
⑥増改築（知らない・知っている）　年　月頃　箇所：	
⑦給排水設備の故障（発見していない・発見している）箇所：	
⑧配管等の状況	
給水　第三者敷地の利用（知らない・知っている） 第三者の配管埋設（知らない・知っている）	
ガス　第三者敷地の利用（知らない・知っている） 第三者の配管埋設（知らない・知っている）	
排水　第三者敷地の利用（知らない・知っている） 第三者の配管埋設（知らない・知っている）	
⑨地盤の沈下、軟弱（発見していない・発見している）状況：	
⑩敷地内残存物等（発見していない・発見している） 種類：（旧建物基礎・浄化槽・井戸・　　　　）	
⑪境界、越境について 取り決め書：（無・有）　紛争：（無・有）	
越境：（発見していない・発見している）場所：　　状況：	
⑫浸水被害（知らない・知っている）　年　月頃　程度：	
⑬近隣の建築計画（知らない・知っている）内容：	
⑭騒音・振動・臭気等（知らない・知っている）状況：	
⑮電波障害（知らない・知っている）状況：	
⑯周辺環境に影響を及ぼすと思われる施設等	
⑰近隣との申し合わせ事項	

■付帯設備表（例）

「付帯の有無」の欄で「付」に○印のある設備は物件に付帯するものです。「無」に○印のある設備は、該当の設備がないか、売主が引渡しまでに撤去するものです。

設備名称		付帯の有無	故障 不具合	設備の状態等
照明関係	屋内照明器具	付(全部・一部・無)	無・有	撤去する照明器具：
照明関係	屋外照明器具	付・無	無・有	設置場所：玄関・門・庭・カーポート・バルコニー
空調関係	冷暖房機 （電気・ガス・石油）	付（　台）・無	無・有	設置場所：
空調関係	冷房機 （電気・ガス）	付（　台）・無	無・有	設置場所：
空調関係	暖房機 （電気・ガス・石油）	付（　台）・無	無・有	設置場所：
空調関係	床暖房 （電気・ガス）	付・無	無・有	設置場所：
空調関係	換気扇	付（　ヶ所）・無	無・有	設置場所：台所・浴室・トイレ
収納関係	食器戸棚（造付）	付・無	無・有	
収納関係	つり戸棚	付（　ヶ所）・無	無・有	設置場所：台所・洗面所・トイレ
収納関係	床下収納	付・無	無・有	設置場所：台所・
収納関係	下足入れ	付・無	無・有	
給湯関係	給湯機 （電気・ガス・石油）	付・無	無・有	
給湯関係	バランス釜	付・無	無・有	
給湯関係	太陽熱温水器	付・無	無・有	
流し台セット		付・無	無・有	付帯機能
コンロ（電気・ガス）		付・無	無・有	付帯機能
浴室設備一式		付・無	無・有	付帯機能
洗面台一式		付・無	無・有	付帯機能
洗濯機用洗濯パン		付・無	無・有	
トイレ設備一式		付・無	無・有	付帯機能
インターホン		付・無	無・有	
テレビアンテナ		付・無	無・有	

※ゴミ、とくに定めのない不要な家具、物品等は売主にて処分します。
※設備等には、経年変化及び仕様に伴う性能低下、キズ、汚れ等があります。

⑦設備の取扱説明書

113ページ⑥と連動して、付帯設備についての取扱説明書や保証書があるかを確認しましょう。万が一、故障が発生した場合などに必要になります。

ここで解説した七つの重要書類を次ページにまとめました。

自身で住宅のチェックをしても重要書類の確認をしても、やっぱり不安だという場合は、「ホームインスペクション（住宅診断）」の業者に検査を依頼することをお勧めします。プロに診断を依頼すべき主な項目は、次の6項目です。

①基礎外壁の状況（ひび割れ、破損）
②屋根裏の状況（構造体、雨漏り）
③床下の状況（基礎、構造体）
④水道設備の状況（水漏れ）
⑤引き込み設備（電気、ガス）
⑥地盤の状況（強度）

■不動産仲介業者へ確認すべき重要書類

チェック	分類	書類名
□	①建物検査書類	確認済証
□		検査済証
□	②建物本体の保証書類	保証書
□		保証約款
□	③防蟻処理の保証書	防蟻処理保証書
□	④点検・メンテナンスの履歴	定期点検記録
□		アフターメンテナンス履歴
□		住宅履歴情報 （長期優良住宅の場合）
□	⑤物件状況確認書	物件状況確認書
□	⑥付帯設備情報	付帯設備表
□	⑦各設備の取扱説明書	各設備の取扱説明書

検査の料金は、検査内容や方法によって変わり、目視だけであれば5万円程度で依頼が可能です。

一方、機材を使用するような詳細の診断を希望する場合は、10万円以上かかります。ただし、長く住む家が安心して住める家かどうかを確認するために、第三者機関を入れて検査するという意味では高くない金額です。いずれにせよ、家族でよく話し合って判断することをお勧めします。

8 買主の権利を守る、住宅保証五つのポイント

○ポイント1：保証を引き継ぐための重要な手続きがある

保証期間が残っている中古住宅の場合、保証の譲渡手続きを行えば、新築物件同様の保証やアフターサービスを建設会社から受けることが可能になります。「保証書」や「保証約款」に譲渡手続きの方法が記載されているので確認しておいてください。

○ポイント2：建設会社のアフターサービスを確認する

建設会社のアフターサービスは会社ごとに内容が異なります。譲渡の手続きをしたらどのようなアフターサービスが受けられるのかを保証書面で確認しておくとよいでしょう。一概にはいえませんが、中小の建設会社より大手住宅メーカーのほうがアフターサービス

は充実しています。

○ポイント3：建物の保証は短期と長期の2種類がある

新築住宅には引渡しから2年程度の「短期保証」と、10年間の「長期保証」の二つがあります。

保証期間内であれば、建設会社に修理を依頼できる可能性があるので、3回目の検査で見つけた不具合箇所と照らし合わせて確認しましょう。

①短期保証：2年程度……施工不備や製品不良にかかわる保証
②長期保証：10年以内……基礎や柱等の構造や、雨漏りなどにかかわる保証

①の短期保証とは、建築中に発生した破損や工事の不備により発生した不具合や、製品そのものの故障に対する保証です。

たとえば、

・階段の手すりが外れた（金具の固定不備）

・トイレのドアが閉まらなくなった（建てつけの不備）
・照明のスイッチが壊れた（製品不良）
などです。

②の長期保証とは、建物の構造的な強度（耐震性など）にかかわる不具合や、雨漏りなどの防水性能不備を保証するものです。
たとえば、
・基礎や外壁に大きなひび割れがある
・室内の床に極端な傾斜がある（通常転がらないものが転がって止まらないなど）
・屋根裏に雨染みがあり、内部の木材にカビが生えている
などです。

○ポイント４：保証対象外の免責事項は自ら処置

短期保証や長期保証は、あくまでも建設会社に瑕疵《かし》がある（不具合の責任がある）場合に限られます。住んでいた人や第三者、自然災害や動植物による不具合、製品の性質や通

常の劣化は保証対象外です。
たとえば、
・生活上発生した傷や汚れ
・冷暖房の使用による反りや乾燥収縮
・故意や過失による破損
・地震、台風等の自然災害によるもの
・火災、鳥や虫などの小動物によるもの

これらは、建物の保証には含まれません。そのため、必要であれば入居前に補修工事を手配しておきましょう。

また、購入前にこれらの不具合を含んだうえでの価格なのかを確認するなど、適切な価格交渉をすることも必要です。

○ポイント5：瑕疵担保責任の期間を確認

瑕疵《かし》担保責任とは、物件に瑕疵（欠陥等の不具合）があった場合に売主が責任を負うというものです。中古住宅の瑕疵担保責任は、売主が不動産会社の場合は引渡し後2年以上の期間です。

しかし、売主が個人オーナーの場合は、法律上責任を義務付けられてはいません。そのため、引渡し後3か月や6か月までの短期間の場合もあれば、まったくない免責というケースもあります（140ページ図参照）。

引渡し前のチェックでは不具合に気づかないこともあるため、売主が個人オーナーの場合は必ず瑕疵担保責任の期間を確認し、「最低3か月はほしい」などと交渉をしたほうがよいでしょう。

その場合、国土交通省指定の「住宅瑕疵担保責任保険法人」（226ページ参照）に検査を依頼するという方法もあります。この検査に合格すれば建物の瑕疵が最長で5年間、保険でカバーできるという制度があります。

9 建物を長持ちさせるためのリフォーム工事の目安

まず、大前提としてお伝えしておきたいことは、大規模リフォームが必要な物件については中古住宅を買うメリットが薄れるということです。

その理由は次の二つです。

①新築よりもリフォーム・リノベーションをするほうが工事の難易度が高い
②フルリノベーションするようではコストがかかる

築年数が数十年経過しているような物件の場合、大規模なリフォームが必要となります。その場合はリフォームに1000万円程度の工事費がかかってしまう場合もあり、中古住宅を買うメリットがなくなってしまいます。

そのため、本書でお伝えしているような築浅あるいは築20年未満程度の物件を購入し、部分的な補修やリフォームで生活ができるような物件を選ぶことが望ましいといえます。

●戸建て住宅の修繕サイクルと費用の目安

一般的な戸建て住宅に必要な修繕の内容や費用目安について詳しく知りたい方は、住宅産業協議会（http://www.hia-net.gr.jp）が発行している「住まいと設備のメンテナンススケジュールガイド」が参考になります。

定期的に修繕を行って維持管理をすることは、建物の資産性の維持という観点において大切なことです。

記載内容はあくまでも目安であり、実際の建物の大きさや劣化状況によって異なりますので、正確な情報が知りたい場合はリフォーム会社に確認してください。

●外まわり・構造体の修繕

外まわりの修繕は、建物の工法によって必要な工事が変わります。

外壁や屋根、バルコニーの修繕は建物の防水性能を維持し、建物をよい状態で長持ちさせるために重要です。どのような修繕工事がこれまでに行われているのか、次回の目安はいつ頃かを確認し、今後の修繕計画を立てておきましょう（左ページ上図参照）。

●水まわり・設備機器・その他の修繕

製品の耐用年数は製品や使い方によって変化しますので一概にはいえませんので、あくまでも目安と考えてください。また、かかる費用に関しても新たに購入する製品や材料によって価格は大きく変動することを念頭に入れて確認してください（左ページ下図参照）。

●プチリフォームや軽微な修繕はホームセンターを活用

プチリフォームや軽微な修繕であれば、ご自身で行うことも可能です。ホームセンターに行くと、自分でできるプチリフォームの方法が書かれたチラシが置かれていますし、ＤＩＹアドバイザーの資格をもった方がアドバイスをしてくれるので、興味があれば一度行ってみましょう。

費用をかけてプロに依頼をしてもよいですが、できるだけ費用を抑えながら自分で好きなように住宅に手をかけていくのも中古住宅を購入する醍醐味の一つです。

■外まわり・構造体の主な修繕箇所と目安

分類		修繕サイクルの目安	費用の目安	内容・備考
屋根	屋根材	10～15年に一度	40万～50万円	表面の塗装工事 ※足場代（20万～30万円）が別途かかる
外壁	表面塗装	10～15年に一度	60万～80万円	表面の塗装工事 ※足場代（20万～30万円）が別途かかる
	コーキング	10～15年に一度	30万～40万円	コーキングの打ち直し ※足場代（20万～30万円）が別途かかる
バルコニー	防水シート	10～15年に一度	15万～35万円	防水シートの張り替え
	床の塗装	10～15年に一度	15万～35万円	表面の塗装工事・補修工事
基礎	防蟻処理	５年に一度	15万～20万円	防蟻処理工事

■水まわり・設備機器の主な修繕箇所と目安

分類		修繕サイクルの目安	費用の目安	内容・備考
キッチン	システムキッチン	20～30年に一度	100万～300万円	システムキッチン本体の交換
洗面所	洗面台	10～15年に一度	15万～30万円	洗面台の交換
浴室	ユニット	15～20年に一度	100万～200万円	浴室ユニット本体の交換
トイレ	便座	10～15年に一度	２万～30万円	便座・便器の交換
下水	下水管	15～20年に一度	１万～４万円	下水管の高圧洗浄
設備機器	給湯機本体	10～15年に一度	30万～40万円	給湯機本体の交換
	警報機本体	５年か10年に一度	2000～5000円/個	警報機本体の交換 ※ホームセンター等で購入可能
内装	壁紙	10～20年に一度	1500～25000円/㎡	張り替え
	室内ドア	20～30年に一度	５万～10万円/ヵ所	本体交換
	フローリング	20～30年に一度	1.5万～２万円/㎡	張り替え
	畳	20～30年に一度	1.5万～３万円/畳	畳交換

100年もつ住まいを目指す「長期優良住宅」とは

長期優良住宅とは、「長期優良住宅の普及の促進に関する法律」に適合する住宅のことで、構造躯体の劣化対策、耐震性、維持管理・更新の容易性、可変性、バリアフリー性、省エネルギー性などの性能について国土交通省が定めた基準をクリアすることが求められます。

これらの認定基準として、通常想定される維持管理条件下で、使用継続期間が少なくとも100年程度となる構造躯体であること、建築基準法レベルの1・25倍の地震力に対して倒壊しないこと、断熱等性能等級4の基準に適合することなど、九つの基準をクリアして認定されます（左ページ図参照）。

長期優良住宅に認定されるメリットとしては、質の高い住宅として維持されることで、結果として住宅の資産価値の保持が見込まれること、高い省エネ性能から光熱費の低減が見込めること、一定の税金（所得税、登録免許税、不動産取得税、固定資産税）について特例措置があること、そのほか、融資期間を最長50年とするフラット50の利用が可能であることなどが挙げられます。

■長期優良住宅の９つの認定基準（概要）

性能項目等	概要
構造躯体等の劣化対策	●数世代にわたり住宅の構造躯体が使用できることとし、通常想定される維持管理条件下で、構造躯体の使用継続期間が少なくとも100年程度となる措置をとること
耐震性	●極めて希に発生する地震に対し、継続利用のための改修の容易化を図るため、損傷のレベルの低減を図ることとし、大規模地震力に対する変形を一定以下に抑制する措置を講じ、建築基準法レベルの1.25倍の地震力に対して倒壊しないこと
維持管理・更新の容易性	●構造躯体に比べて耐用年数が短い内装・設備について、維持管理（清掃・点検・補修・更新）を容易に行うために必要な措置が講じられていること
可変性	●居住者のライフスタイルの変化等に応じて間取りの変更が可能な措置が講じられていること
高齢者等対策	●将来のバリアフリー改修に対応できるよう共用廊下等に必要なスペースが確保されていること
省エネルギー対策	●必要な断熱性能等の省エネルギー性能が確保され、断熱等性能等級４の基準に適合すること
居住環境	●良好な景観の形成その他の地域における居住環境の維持及び向上に配慮されたものであること
住戸面積	●良好な居住水準を確保するために必要な規模を有することとし、一戸建ては75㎡以上、共同住宅は55㎡とすること、また、住戸の少なくとも１の階の床面積（階段部分の面積を除く）が40㎡以上であること
維持保全計画	●建築時から将来を見据えて、定期的な点検・補修等に関する計画が策定されていることとし、少なくとも10年ごとに点検を実施すること

※「長期優良住宅の認定基準（概要）」（国土交通省）より作成

また、長期優良住宅に認定されると、その建物についてメンテナンス計画がなされ、メンテナンス内容とその記録を住宅の所有者が「住宅履歴情報」というかたちで保存する義務があり、随時、所轄行政庁より維持保全の調査が行われる場合があります。

万一、所轄行政庁から報告を求められたときに、報告をしない、または、虚偽の報告をした者は30万円以下の罰金に処せられる場合があり、改善を求められてもしたがわないなどの場合には認定が取り消されることもあります。

このような長期優良住宅の認定について、新築住宅のみならず、中古住宅についても認定の対象となりました。

中古住宅が認定される要件の主なものとして、建物インスペクションを行ったうえで必要な長期優良住宅化リフォーム工事を実施し、「リフォーム履歴」の作成と「建物維持保全計画」の作成を行うこと、リフォーム工事後に一定の性能基準を満たすこと、一定の性能基準を満たしたうえで性能向上に資するリフォーム工事または三世代同居対応改修工事（キッチン、浴室、トイレまたは玄関のうちいずれか二つ以上が複数箇所あるようにする工事）がなされることなどが挙げられます。

第4章

価格交渉のためのノウハウと安心選別のための質問力を磨く

1 価格交渉のためのノウハウ

○ビジネスライクとプライベートを盛り込んだ「購入申込書」の記入法

いよいよ購入したい住宅が決まったところで、住宅の売主に対して購入したい意思を書面で伝えることになります。

このとき作成されるものが「購入申込書」あるいは「買付証明書」などとして作成される書面で、これを売主に提示することから具体的な購入交渉が始まります（左ページ参照）。

おおよそ数千万円に及ぶ金額を提示する書面ですので、このような購入申込書の書き方にもそれなりのノウハウがあります。

提示する書面の内容によっては、値引き交渉やその他の契約条件の交渉を進めやすくすることができます。なお、この書面は一般の買主自らが作成するものではなく、通常は不

■買付証明書（購入申込書）のサンプル

不動産買付証明書

平成○○年○○月○○日

○　○　○　○　様

下記不動産につき、以下の条件にて購入の意思を証明します

記

【物件の表示及び購入条件】

購入希望金額：　金○○，○○○，○○○円

手　付　金　：金○○○○円　（金額加算のご相談に応じます）

引渡し希望時期：6月末～7月中旬頃希望

その他諸条件：

① ご契約前に、既存建物保証保険の付保及びリフォーム費用の見積もりのため、建物及び敷地内を見させて頂き、その際、建物設計図面を確認させて下さい

② 住宅ローン融資特約付の契約条件としますが、融資金額○○○○万円、○○銀行○○支店にて事前融資相談の内定済みです（担当：○○氏）

③ 瑕疵担保に関しましては、できれば1年程度を希望しています

④ 契約成立後、お住まいの引渡しを受けた後には、家族ともども、後生大事に使わせて頂きます

以　上

【物件の表示】

所　在　地　：　○○市○○町○丁目○○番○

土地及び建物面積：　土地 125.50 ㎡、建物延 100.00 ㎡

【　買　主　】

住所

氏名

【仲 介 業 者】

住所

氏名

動産仲介業者が作成し、売主に提示されます。

書面に記載する内容は、主に「購入希望価格」「引渡し時期」「売主による保証に関する条件」などであり、細かな内容まで記載されたものでは、敷地の確定測量に関するもの、隣地越境物や地中埋設物に関するもの、そのほか手付金の金額なども記載される場合がありますが、書面では必ず「購入希望価格」を具体的に伝えることになります。

事業用不動産の取引とは異なり、**一般の方が住宅を購入する際の記入内容としては、ビジネスライクさとプライベート感の両面を織り交ぜた書面内容にするとよい**でしょう。

ビジネスライクさとは、後述する「値引き交渉術」のことであり、プライベート感とは、「大事に使わせていただきます」という親密さを売主にアピールすることです。

購入申込書の作成は、一般的に不動産仲介業者が行うものですが、記載する内容については以下に記載する交渉術を参考に、できる限り買主である自らの意思として、記載する内容を仲介業者に伝えられるようにしてください。

○修繕やリフォーム費用は「一定の基準に則った見積金額」が交渉材料になる

中古住宅において、おおよそ築15年や20年を超える建物などは、キッチンやユニットバスなどの水まわり設備は見た目も機能的にも劣化している場合が多いものです。

また、雨風にさらされやすいバルコニーの防水能力の低下や外壁の継ぎ目の劣化、汚れなどで、修繕が必要な場合が多くなります。

その際に、**必要な修繕工事やリフォーム費用の見積もり金額は、値引き交渉の一つの目安になります。**

ですが、売主に対して適切かつ妥当な見積もり金額を示せないと、「不要不急な工事も入れるなどして、見積金額を膨らませているのでは？」との疑念が生じ、減額交渉のためのよい資料とは必ずしもならないことがあります。

そこで、一定の基準に則った見積金額として提示ができるように知っておいていただきたいのが、新しい制度である「安心R住宅」（212ページ参照）の登録事業者における修繕・

リフォーム基準に則った見積もりです。

安心R住宅として登録された中古住宅の場合、必要なリフォーム工事をあらかじめ行うか、あるいは、安心R住宅登録事業者が規定する適切なリフォーム工事内容の見積もり書が添付されることになります。

この「安心R住宅」登録がされていない中古住宅であっても、**買主側からあえてこの安心R住宅の基準に則った見積金額を提示**することにより、価格交渉がよりスムーズに行くことも考えられます。

仲介業者と付き合いのあるリフォーム会社など、「安心R住宅」の修繕・リフォーム基準に則った工事見積書の作成ができる工事業者に見積もりを依頼してみてはいかがでしょうか。

このように、価格交渉では、売主側も大事な資産を手放そうとしていますので、何の理由もなく一方的に「いくら値引いてください」というよりも、**きちんと値引きの理由を示して行うことが大事なマナー**であり、またビジネスライクな交渉術といえます。

○売却したいリミットが迫っているものは価格交渉しやすい

価格交渉を行う場合、まず不動産業者を経由して、売主が住まいを売却する理由を尋ねてみることから始めます。

売却の主な理由としては、間取りが合わなくなったので買い替える、転勤や転職をすることになった、住んでいた両親が亡くなり住まなくなった、離婚による財産分与のためなど、さまざまです。

このとき、どうしても早く売却したいような状況であれば、価格交渉の余地が高いと考えられます。

ただし、売り急いでいることなどは率直に教えてくれないとか、あるいは離婚などネガティブな理由であると意図的に隠していることもあります。そのような場合、売主側はあえてあなたにまったく違う理由を伝えてくるかもしれません。

交渉できる可能性が高いのは、売主側が住宅の買い替えを控えている場合や、転勤や転職をする場合などがあげられます。

このような売却理由であれば、率直に「買い替えのため」「転勤するため」と伝えてくれる場合が多いです。

とくに、住宅の買い替えの場合には、新しく買った不動産の売買契約について「停止条件」といわれるものがついていることがよくあります。

これは、「今の家が希望する価格で売却できれば、この家（新しい家）を買います」という条件付きで、新しく住み替える住宅の売買契約をしているのです。すなわち、新しく買う家の代金支払い期限がある程度決められています。

このようなとき、スムーズに売却できない場合に備え、不動産会社による「下取り金額」の提示が内々にされていることがあります。

不動産会社の下取り金額は相場価格よりもおおよそ15％から30％程度差し引いた水準が多いので、この**下取り水準以内であれば、売主が減額交渉を受けてくれる可能性がありま す。**

ただし、このような事情がある場合にも、一方的な減額提示とならないよう、たとえば「建物の設計図面に不備があり不安材料がある」など、価格交渉のための理由を添えるべきでしょう。

○売主の保証責任と絡ませた価格交渉術

中古住宅を買う際は、「価格交渉」と「保証責任の条件交渉」は、なるべく並行して行うべきです。

個人間（宅建業者以外）における中古住宅の取引では、140ページの円グラフのように、約6割の取引が売主による保証責任を負わない契約となっています。つまり、売主も知らなかったような住宅の欠陥が後日に見つかっても、売主はその責任を負わないとする売買契約が大部分を占めているのです。

しかし、保証責任を追及できないような契約をはじめから結ばなければならないわけではありません。

売主が住宅の保証責任を負うのか負わないのか、あるいは、責任を負う場合にはどのような欠陥について責任を負うのかなどは、契約交渉において決めていくことが望まれます（ただし、売主が一般の個人の場合で、売主が不動産業者の場合は含まれません）。

■宅建業者以外が売主の中古住宅（戸建て）の瑕疵担保期間

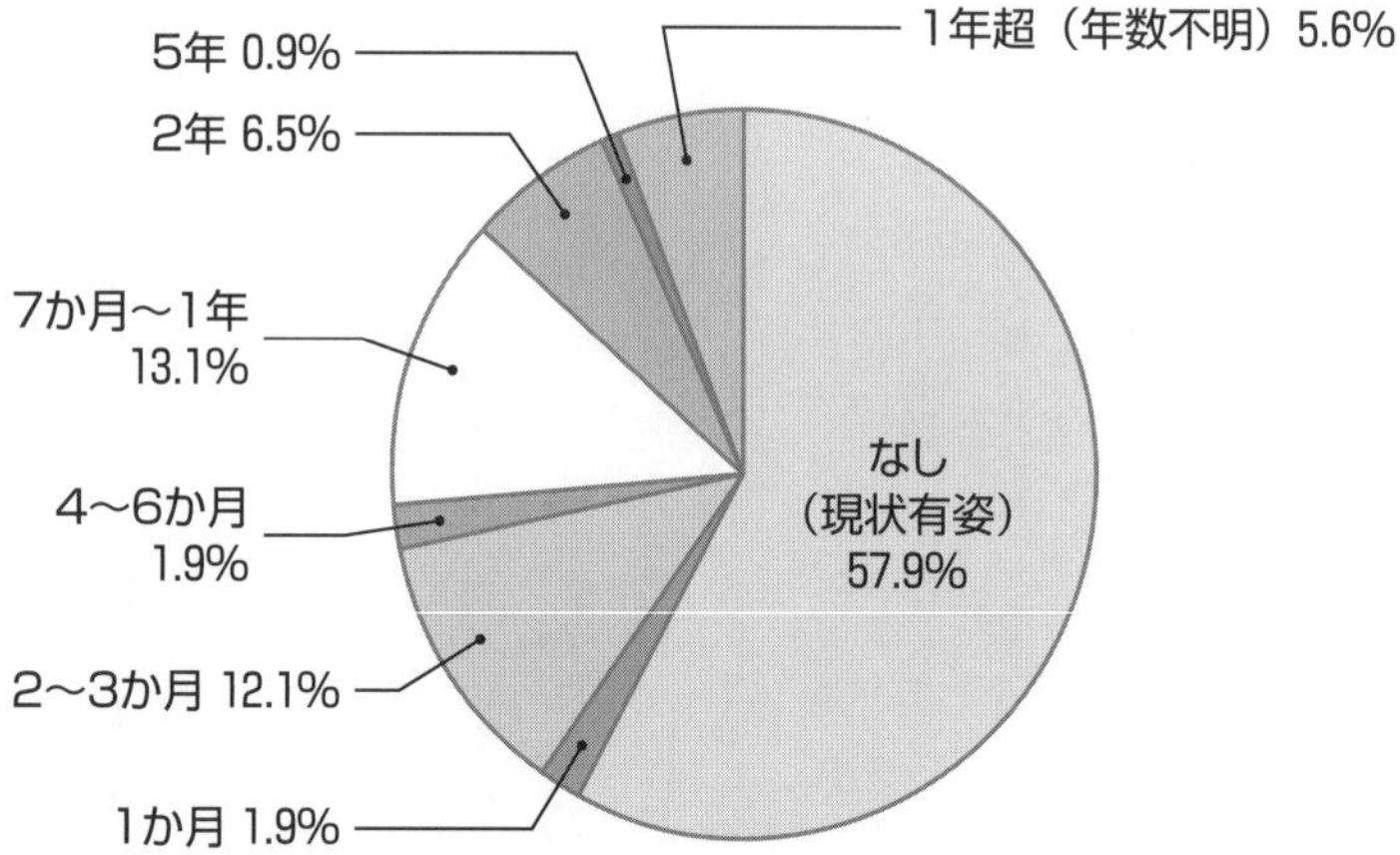

※国土交通省「中古住宅・リフォームトータルプラン参考資料」（平成24年３月）より

そして、その場合、売主の保証責任を軽減する代わりに、住宅価格の減額を並行して行う交渉が、流れとしては適切であると考えます。

できれば、保証の期間は、四季を通して建物の状態を見たいので１年以上が理想ですが、一般的には１年未満の保証期間が設定されています。

上図のデータによれば、売主が建物を引き渡してから保証責任を負う期間は、１か月～１年が約29％、１年超の期間については約13％の割合となっています。

しかし、どうしても売主による保証が受けられない場合、あるいは、保証を充実させたい場合には、「既存住宅売買瑕疵《かし》保険」（224ページ参照）の付保も検討材料となります。

保険を付保する手続きには、不動産業者が保険制度の内容を熟知している必要があります。不動産業者と十分に保険申請までの手続きやスケジュールについて打ち合わせを行ってください。

○売主が急いで現金を必要とする場合は手付金の上乗せも有効

売主が現金を早急に必要としている場合には、契約時に売主に渡す「手付金」の金額を上乗せすることも一つの方法です。

民法の規定においては、契約当事者が一般の売主と買主である場合には、手付金額の上限はとくに制限されていませんので、早急に現金を必要とする売主の場合、手付金額を多く受領できれば大いに助かるところであり、売主のプライベートに配慮した交渉方法ともいえます。

あるいは、建物の引渡しの時期をなるべく早い時期に設定できる（代金全額の支払い時期を早められる）、または住宅ローンの借入についてすでに内定しているなども、急いで現金が必要な売主に対しては価格交渉の材料となります。

注意していただきたいのは、手付金が高額になる場合には、預けたお金を持ち逃げされては困りますので、住宅の所有権に関する仮登記を行うなどの適切な処置を施しておくべきことです。

このように、高額の手付金を授受する場合には、仲介をする不動産業者の信用力や実務に関する知識なども大切なポイントとなります。

もう一点、手付金というものは、民法上は「解約手付」と推定され、契約書のなかでも「契約を解約したい場合に放棄するお金」と定められていることが一般的です。したがって手付金は、後日に買主（あなた）のほうから契約をやめたいとした場合（相手方の履行着手前）には、返金されないお金であることに十分留意をしてください。

このように、手付金の上乗せは、状況によっては減額交渉の材料になりますが、相当のリスクも伴うものとなります。

なお、売主が宅建業者の場合には、宅建業法という法律で受け取ってよい手付金額の上限が決められています。まして、買主に対して手付金額を上乗せすることを不動産業者が執拗に要望する場合などは、やや与信に劣る（資金繰りに困っている）不動産業者であるとも考えられます。

2 契約交渉時に相手に質問すべきこと

この項では、契約交渉時に売主と話して確認しておくべきことを解説します。中古住宅ということから、書類や補償などに不備があることもあり、質問、確認しておいたほうがよいことがあります。

質問すべき内容と、質問のポイント、質問の意図をわかりやすく解説いたします。

○新築時の建築会社による保証とアフターサービスの引き継ぎの可否

【質問すべき内容】

1．築10年未満の建物の場合、新築時の建築会社による建物保証の継続を新所有者として引き継ぎできるか？

2．築10年を超えた建物でも、一定の基準を満たした場合に受けられる建築業者からの延長保証を受けることはできるか？

【ポイント】

・法律により、新築した業者には引渡しから10年間は構造及び防水に関する保証が義務づけられるため、売主に保証の引き継ぎ手続きを行ってもらう

・上記期間を超えた建物であっても、新築した建築会社の規準に則った修繕メンテナンスをしていた場合には延長保証もあるため、延長保証があるかどうかを確認

・新築した建築会社が発行したアフターサービス規準書がある場合には、あらかじめ契約前にその規準書の写しをもらって内容に目を通す

【質問の意図】

購入を検討している建物が、新築されてから10年未満である場合、「住宅の品質確保の促進等に関する法律」（住宅品確法）という法律により、建築した会社が、建物の「構造耐力上主要な部分」及び「雨水の侵入を防止する部分」という建物構造上の主要な部分について、引渡し（新築されたとき）から10年間保証をしなければならない義務が課されています。

この法律による10年間の保証義務は、建物の所有者が変わったとしても保証する義務がなくなるわけではなく、直接的には新築を購入した所有者が保有し続けます。

したがいまして、新しい所有者がその保証を継続して受けるためには、保証を受ける権利を売主から適切に譲り受けておかなければなりません。また、所有者が変わったことを売主から建築した会社へ通知することになります。

他方、築10年を超えたような建物である場合、このような法律による保証を受けることは基本的にはできませんが、新築した建築会社の規準に則った修繕メンテナンスをしていた場合には、保証に関して一定期間延長される場合もあるため、延長された保証があるかどうか売主に確認をします。

その際、新築した建築会社が発行したアフターサービス規準書がある場合には、契約前にその規準書の写しをもらい、ひと通り内容について目を通しておくとよいでしょう。

○建物インスペクションと修繕リフォーム工事費の見積もり作成の可否

【質問すべき内容】

1．修繕やリフォーム費用を見積もる目的で行う建物インスペクション（建物診断）について、売主はその実施を受け入れてくれるか？

【ポイント】

・売主に住宅のインスペクションの実施を受け入れる義務はなく、また、不動産仲介会社もインスペクションを実施すべき義務はない

・売主がインスペクションの受け入れに難色を示した場合には、あくまで最低限必要な修繕やリフォーム工事の見積もりを行うためと伝えてみる

【質問の意図】

実際のところ、これまでホームインスペクション（住宅診断）という制度は、あまり普及してこなかったのが実情でした。

一般の住宅所有者がこのような制度があること自体を知らなかったこともありますが、普及が進まなかった理由の一つとして、これから売却をする住宅についてホームインスペクションを行って、さまざまな不具合や欠陥が見つかるようでは、不動産仲介を行ううえで悪影響を及ぼしかねないともとらえられていたからです。

このため、不動産仲介を行う不動産業者が、あえて住宅の売主や購入を検討している買主に、インスペクションの実施を促してきませんでした。

しかしながら、宅地建物取引業法（宅建業法）の一部改正により、2018年4月以降は、不動産会社が中古住宅の取引を扱う際に取り交わす媒介契約において、事前にインスペクションの制度について依頼者に一定の説明（斡旋）をしなければならなくなりました。この宅建業法の一部改正により、今後は、建物インスペクションを実施する機会が増えることが期待されています。

ただし、このような法律改正においても、不動産業者にインスペクションを実施することを義務付けてはいません。また、中古住宅の売主においても、インスペクションを実施するかどうかは任意です。

すなわち、買主側が適切な修繕やリフォーム費用を見積もる目的でインスペクションを入れさせてほしいと売主に頼んだとしても、売主側でインスペクションの実施を受け入れる義務はありません。

そうはいっても、やはり買主側としては不安材料をなるべく払拭したいものです。インスペクションの実施について売主に受け入れてもらえるよう、修繕リフォーム費用の見積もりを行う目的で、必要最低限の建物診断として行うことを提案してみてください。

建物インスペクションの制度や費用などについては、第6章（222ページ）で詳述します。

○一般の売主が十分な保証責任を負うことに応じようとしない場合

【質問すべき内容】

1. 売主は、既存住宅売買瑕疵保険の付保手続きに応じてくれるか？
2. 保険を付保するまでの申請手続きの流れを確認し、手続き完了後の引渡し時期が遅くなる場合にも、売主の都合に合うかを確認
3. 売買契約締結後、万一、保険の付保ができないことが判明した場合には、契約は白紙解約としてよいか？

【ポイント】

・当初から売主による保証責任なしを契約の前提条件としていても、一定の責任を負ってもらえるよう、価格相談と織り交ぜて交渉してみる
・保険の付保には、保険手続きについて不動産仲介業者が熟知している必要があり、スムーズな手続きがされるよう十分にスケジュール確認を行う

【質問の意図】

戸建てでもマンションでも、「新築住宅」を購入する場合は、いわゆる住宅品確法や履行確保法（特定住宅瑕疵担保責任の履行の確保等に関する法律）などの法律により、住宅の購入者に対する消費者保護の制度がある程度確立されています。

しかしながら「中古住宅」の購入については、このような法律による消費者保護の制度が不足しているため、中古住宅を購入する場合は、ある程度、「買う側の自己責任」の考え方が出てきます。

ここで注意をしていただきたいことは、民法上の一般売主の保証責任（瑕疵担保責任）とは、売主が絶対的に負うべきものではなく、「売主はとくに責任をもちません」とすることができる点です。

売主がそのように提案をし、買主側も「それでもいいから、この家を購入したい」ということであれば、売主は保証責任を負わない契約とすることができます。

中古戸建ての場合、販売を始めた当初から、売主が保証責任を負わない契約内容を前提条件としている場合も少なくありません。

しかしながら、一般の方が買主となって住宅を購入する場合には、平穏に住むに値しないような欠陥（たとえば、白蟻被害や著しい雨漏りなどで建物構造に欠陥があったなど）が見つかった場合にも、売主に対して一切責任を追及できないとするならば、おおよそ売主と買主との間は対等な関係ではないと考えられます（相応の価格交渉を行う場合を除きます）。

やはり、売主に対して一定の期間を区切ったうえで、相応の保証責任を負ってもらえるよう提案してみてください。

この場合、売主が負うべき責任の内容について、建物に関するあらゆる欠陥について責任を負わせるような提案では、かえって売主が保証責任を負いたがらなくなります。

そこで最低限、住宅品確法に規定される建物の「構造耐力上主要な部分」及び「雨水の侵入を防止する部分」の二つの項目について、一定期間の保証責任を負ってもらうことが適切であると考えます。この場合の「一定期間」とは、買主へ住宅の引渡しが行われてから数か月ないし1年以内の期間で設定することが一般的です。

なお、このような「保証責任は一切負わない」とする契約内容は、不動産業者が売主の場合はできないこととなっています。

このように、売主の瑕疵担保責任を請求できる期間やその保証内容については、価格交渉と密接に関連させて行うことが有効です。

売主がどうしても相応の責任に応じないのであれば、ある程度の価格交渉に応じてもらう、あるいは「既存住宅売買瑕疵保険」を付保する手続きに応じてもらえるよう交渉してみましょう。

○売主が宅建業者である場合の保証責任について

【質問すべき内容】

1．「既存住宅売買瑕疵保険」が付保されている、あるいは付保できる中古住宅か？
2．保険が付保されていない場合、付保する手続きに応じてくれるか？
3．保険が付保できない場合、その具体的な理由は何か？

【ポイント】

・宅建業者が売主である中古住宅は、保証責任に関する責任は法律によりあらかじめ決まっているため、保証に関する交渉にはなりにくい

・既存住宅売買瑕疵保険が付保されている住宅であれば、売主の保証責任を補填し、また一定の性能や品質も期待されるため、安心材料となる

【質問の意図】

不動産業者が売主であるいわゆるリノベーション住宅を購入する場合には、宅建業法という法律で引渡しの時点から最低2年は保証する責任を必ず負うものと定められています。それゆえ、基本的には保証責任の内容と価格交渉を織り交ぜては行えないことになります。

不動産業者が売主の場合の中古住宅では、既存住宅売買瑕疵保険が付保されたもの、または付保できる中古住宅であるか否かが、購入決断のための一つのポイントとなり得ます。

「既存住宅売買瑕疵保険」とは、建物について事前に調査を行い、一定の瑕疵（欠陥）について保険会社から補償がされる保険のことをいいます。

一定の資格を有した登録検査事業者があらかじめ建物を調べて、とくに問題がなければ保証書を発行します。保険期間は最長5年間であり、この間に建物の構造・防水等隠れた瑕疵によって損害が生じた場合には最大1000万円の補償がされる保険です。

保険が付保されている場合には、売主は付保されていることも売り込みの材料としますので、自ずと保険の説明は事前にされるものと思われますが、保険による補償期間は2年（売主が個人の場合、1年）または5年のどちらかであり、保険金の上限も500万円または1000万円のどちらかですので、保険の内容を確認してください。

ただし、給排水管路に関する設備関連や、一定のリフォーム工事に欠陥があった場合などの保険については、別途追加の保険を契約する必要がありますので注意が必要です。

他方で、既存住宅売買瑕疵保険の付保がされていない、あるいは、付保できない中古住宅である場合には、住宅の質や性能上の理由があるかもしれません。保険の付保ができないような中古住宅は、住宅の性能や品質について問題がないとはいえませんので、保険が付保されているかどうかは選択のための一つの要素であると考えられます。

保険の付保ができない場合には、その具体的な理由を売主に尋ねてみてください。

○地盤調査資料の有無と、地盤改良・杭打ち工事の実施について

【質問すべき内容】

1. 建物建築時に行った地盤に関するデータ資料はあるか?
2. 地盤改良等の工事が行われていた場合、どのような工事を行ったか?

【ポイント】

・建物を建てる際に行った地盤調査資料の有無を確認し、調査資料のなかで、地盤の固さを示す「N値10」以上ある深さを照合してみる
・地盤改良工事が行われていた場合、改良工事の方法に関する資料や地盤保証書の保有の有無を確認する
・地盤資料がない場合は、近隣土地で行った調査について、役所やネット検索などで資料を収集できるか不動産業者に尋ねてみる

【質問の意図】

住宅を購入するにあたり、昨今とくに意識されているものが地盤に関する内容です。

２０００年（平成12年）６月に行われた建築基準法の一部改正では、建物新築時の地盤調査が事実上義務化されましたので、この時期以降に建築確認申請が行われた建物であれば、ほとんどの戸建て住宅について地盤調査に関する資料があるはずです。

地盤調査資料の見方のコツは、「N値」といわれる地盤強度の換算値と、その値が出ている深さを照合してみることです。

このN値の数値が高いほど、地盤が強固であることを示しますので、木造住宅を支える地盤強度としてこのN値がおおよそ10以上あるかどうかを見てください。

そのとき大事なのは、N値10の値を示す地盤の深さ（貫入深さ）が地表面からどの程度深いかです。

N値10以上を示す土地の深さがおおよそ1～2メートル以上よりも深い場合には、何らかの地盤に関する工事を行っている可能性があります。

戸建て住宅を建てる場合に行う地盤改良工事には大きく3種類あり、「表層改良工法」

「柱状改良工法」及び「鋼管杭工法」があります。
これらは土地の性質や地盤が固い層までの深さにより、適切な施工が選択されます。
もし、何らかの地盤工事が行われているとしたら、どのような地盤工事を行ったか、その資料などを保管していないかを確認してみてください。

注意したいことは、地盤強度というものは、同じ敷地のなかでも一様ではないことです。左ページ図のように、軟弱な地盤と硬質な地盤が斜面的に接する場合など、数メール横でまったく異なる地盤強度の値が出ることも珍しいことではありません。

ですので、地盤に関して第三者から詳細な意見がほしい場合には、地盤を専門に扱う業者に相談するほうがよいでしょう。ただし、地盤強度をすべて正確に察知することは、地盤の専門家でも難しいものであると認識してください。

なお、2000年より以前に新築された住宅の場合には、地盤調査に関する資料が備わっていない場合もあります。その際には、購入する建物の近隣で行われた地盤調査について、自治体役所やネットの地盤データ検索サイトなどでその資料を収集できる場合がありますので、不動産業者などに尋ねてみてください。

■地盤データの見方

〈地盤調査報告書の例〉

貫入深さ	換算N値	推定土質
0.25	3.0	粘性土
0.50	3.2	
0.75	4.8	
1.00	9.6	
1.25	10.6	
1.50	14.0	
1.75	11.2	
2.00	8.8	
2.25	6.2	
2.50	5.0	
2.75	4.4	粘性土
3.00	3.6	
3.25	3.4	
3.50	3.6	
3.75	3.4	
4.00	3.4	
4.25	3.6	
4.50	4.0	
4.75	4.6	
5.00	10.8	
5.25	11.8	
5.50	6.2	
5.75	5.0	
6.00	5.2	
6.25	5.4	
6.50	4.6	
6.75	5.2	
7.00	6.2	
7.25	9.0	
7.50	10.2	
7.75	14.6	
8.00	15.0	

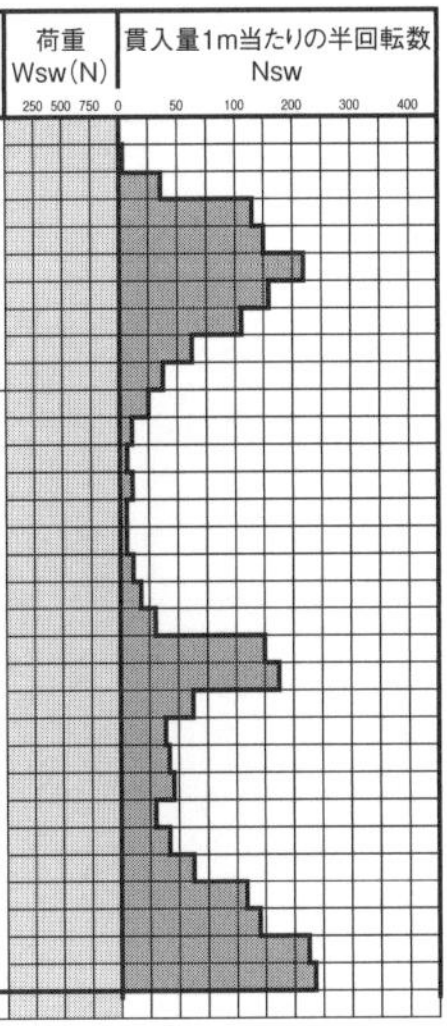

地盤強度の強さを表す「N値」について、おおよそ10以上を示す深さがどの程度かを見る

■住宅の地盤工事の種類

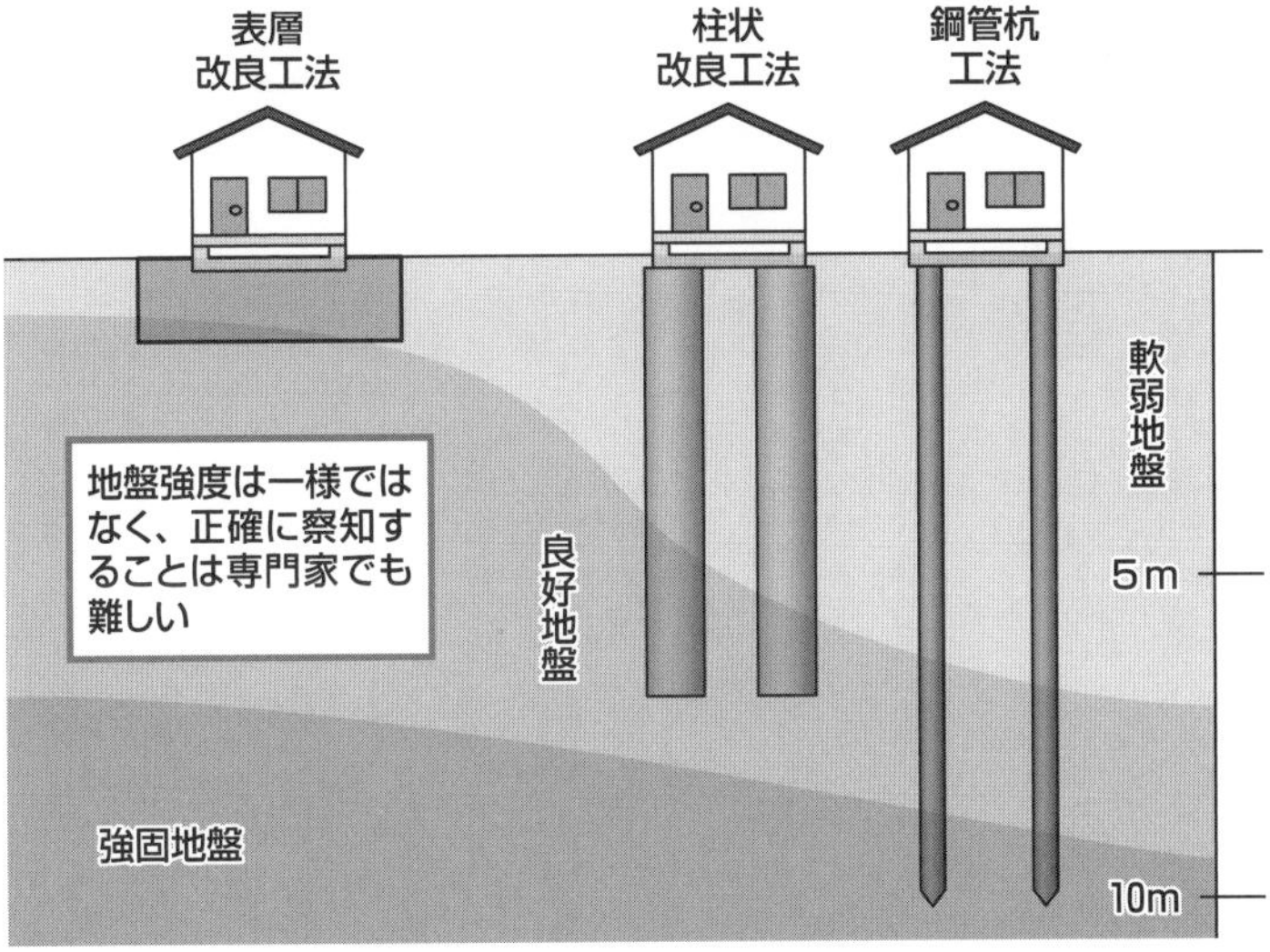

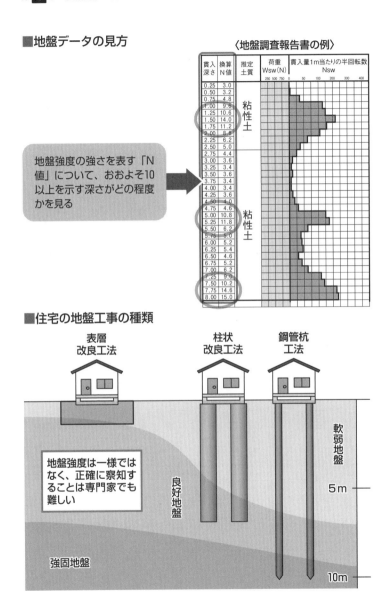

○敷地の確定測量図の有無と、境界線の現地確認について

【質問すべき内容】

1．隣接土地所有者全員の同意印が押印された「確定測量図」はあるか？
2．確定測量図の通り、敷地の境界標は全箇所付設されているか？

【ポイント】

・単なる「現況測量図」と、正式な「確定測量図」とは性質が異なる
・測量図面の通りに、敷地境界標が全箇所付設されていることを確認する
・法務局から取得した「地積測量図」が作成された時期はいつなのか確認する

【質問の意図】

隣接地との敷地境界について、将来的にもまったく紛争を起こさないようにする方法というのは、ないといってもいい過ぎではありません。備わっていたはずの敷地境界杭が紛失することもありますし、地震などの災害により境界杭がズレてしまうこともあります。

また、隣接地の所有者が変わって、境界に異議を唱えることもあるからです。
ここでは、境界に関する将来的な紛争をできる限り予防するための基礎知識として記述します。

土地の隅々に境界杭や境界標などが確認できない場合には、そのまま売買契約を進めてしまうのは問題があります。そもそも、土地の境界というものは元から決まっているようなものではなく、「隣接地所有者との同意のもとで決めるもの」という理解が大切です。

土地の境界杭や標などは、土地の所有者が勝手に備えつけられるものではなく、隣接所有者と現地で「この場所が境界で間違いないです」と互いに同意したうえで、測量士などの専門資格者が立ち合い、そして容易に動かないように境界標を固定させるものです。後日の証として測量士は測量図面を作成し、隣接する土地の所有者が互いに署名押印をして、はじめて土地の境界が確定されることになります。

この隣接地所有者との境界の同意を示すものが「確定測量図」といわれるものです。

確定測量図には土地の形状や面積などを示した図面だけではなく、必ず、隣接する土地

■確定測量図のサンプル

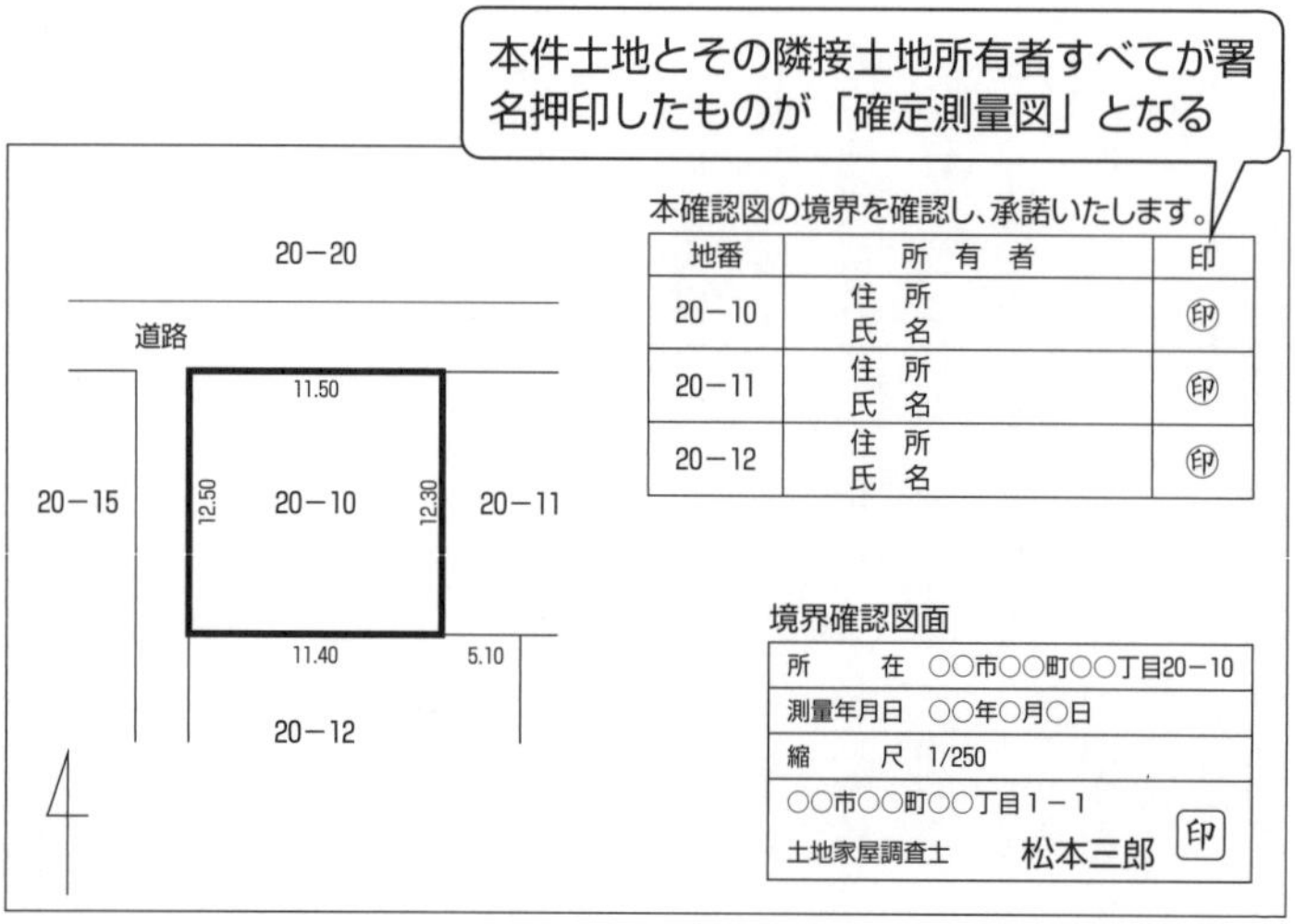

所有者全員の署名及び押印がされている、あるいは、別添する同意書面などが添付されています（全員の同意がないと敷地境界が確定したことになりません）。

確定測量図面と照らし合わせて、現地の境界標に一部でも不備があった場合には、改めて、売主所有者にきちんと境界標を設置してもらえることを売買契約の条件とすべきです。

なお、確定測量図に押印されている印鑑はなるべく実印で押印され、印鑑証明書が添付されたものが望ましいですが、必ずしも実印である必要はなく、認め印でも有効とされます（ただし、一定の登記手続きには実印の押印を要する場合もあります）。

また、「確定測量図」と間違えやすいもの

が、法務局に備わっている「地積測量図」です。

地積測量図をそのまますべて確定測量図とみなすことはできませんが、一般的に、地積測量図が作成された時期がおおよそ平成17年（2005年）以降のもので、各境界杭や標も現地にすべて備わっている場合には、改めて売主に対して確定測量図の作成を要望することは必要ないと考えられます。

万一、確定測量図がなく、地積測量図も作成時期が比較的古いものしかない場合には、売主負担において、引渡しまでに確定測量図の作成を行ってもらいましょう。

その際、測量された敷地面積が登記簿の面積と大きく異なる場合（いわゆる公差の範囲を超える場合）には、地積更正登記も併せて行っていただくよう交渉してみてください。

○建築確認申請書や設計図面は適切に揃っているか

【質問すべき内容】

1. 建築確認申請書など、売主が保有する書面・図面はどのようなものが保管されているか？

【ポイント】

・建築確認申請関連がファイルとして一式きちんと保管されているか

・フラット35適合住宅、住宅性能評価取得住宅など、建物の状態によって保管書面はさまざまだが、検討当初はまず「建築確認申請関連」の確認をする

【質問の意図】

一般の方が、建築関連に関する書面類を適切に読み取ることは困難ですので、ここでは住宅の売主が保有する書面類について、適切な書面・図面等をきちんと保管しているかどうかを確認します。

左ページ表の「住宅関係の主な書面・図面等」の一覧を確認のうえ、書面・図面がきれいにファイリングされたかたちで保管されているか、仲介業者を通じて確かめてみてください。

万一、書面等が不足している場合、リフォーム工事や修繕工事を行う際に適切な見積もりができない、あるいは、新たに建物図面を作成する必要がある場合には予期せぬ高額な出費がかさみます。

できる限り、建築確認申請関連の書面が揃っているかどうか確認をしてください（必要

■住宅関係の主な書面・図面等

建築確認申請関連

- 建築確認書（1面～5面）
- 建築確認済証
- 中間検査済証
- 完了検査済証
- 求積図
- 建物配置図
- 建物間取図（平面図）
- 建物立面図
- 建物仕様書（使用建築材料表）
- 矩計図または断面図（あれば）
- 構造計算書（あれば）
- 換気計算書
- 浄化槽の認定書（あれば）

認定書面関連

- フラット35適合証明書
- 既存住宅売買瑕疵保険関連書面
- 長期優良住宅計画確定通知書
- 認定長期優良住宅建築証明書
- 住宅性能評価設計評価書

防蟻関連

- 防蟻に関する保証書
- 白蟻検査結果報告書

エネルギー関連

- 太陽光発電システム関連書面
- 家庭用燃料電池関連書面

概要書関連

- 建築計画概要書
- 固定資産税評価証明書
- 新耐震基準適合証明書（旧耐震の場合）
- 建物状況調査（インスペクション）の結果の概要

書面の確認がスムーズに行かない場合には、建築士などに確認をしてもらうとよいでしょう）。

これら主な書面・図面のほかにも、新築時に建築会社より受け取った保証書類やアフターサービス基準書、土地開発関連の許認可書面などさまざまありますが、購入を検討している段階では、主に「建築確認申請関連」の書面及び図面を優先して確認します。

このほかにも、「概要書関連」として建築計画概要書（または台帳記載事項証明書）、固定資産税評価証明書、新耐震基準適合証明書などは必要に応じて契約後に不動産業者によって取得してもらいましょう。

○私道の場合の所有権と利用形態について

【質問すべき内容】

1．私道の場合の所有形態はどのようになっているか？

2．過去に、通行などに関するトラブルはなかったか？

【ポイント】

・自ら私道の共有持ち分をもてるようであればとくに問題はない
・道路が細かく分筆され、各所有者が複雑に異なる場合は、道路上に私有物などを置いて通行の妨げをしたような経緯がないか確認する
・道路の一部が不動産開発業者の所有名義であると、その業者が倒産したあとにトラブルが生じることもある

【質問の意図】

道路の所有形態は主に二つあり、一つは国や地方自治体などが所有管理する「公道」であり、もう一つは、私的な所有形態である「私道」です。

敷地が接面する道路が公道であればとくに問題はありませんが、私道であれば、個人などのいわば私的な所有物ですので、現状ではとくに通行などに支障はなくとも、将来的に道路使用に関するトラブルが生じる場合もあります。

私道の所有形態について、近年造成されたような分譲宅地などの開発道路では、新たに分譲された宅地の所有者で持ち分を各自もち合う形態になっていることが一般的です。私道の持ち分がもてる形態であれば、とくに問題はないと考えられます。

他方で、私道でトラブルが生じやすいのが、道路土地が細かく細分（分筆）され、それぞれ単独で道路の一部を所有している場合です。土地分譲されたのが昭和の時期など、比較的古い分譲地などに見られる所有形態です。

最もトラブルになりやすいのは、敷地とその接する道路の一部を同じ所有者が所有している場合です。このようなケースでは、道路の一部も自分の敷地として使い出し、植木やプランターなどの私有物を置く、あるいは、駐車場などとして使用して、他の者の通行を妨害することもあります。

こうしたトラブルは、いわば民事に関する問題であるため、警察や行政もなかなか直接には対処がしにくい問題です。このような場合、日常の通行ではあまり大きな問題はなくとも、将来災害時など緊急事態の際には何らかの障害になることも考えられます。

また、実際に筆者が経験したことですが、私道の入り口付近が不動産開発業者の名義になっており、不動産業者が倒産したあとに、借金を取り立てるために反社会的集団と思わしき人物に土地の差し押さえなどがされ、産業廃棄物などを投棄して通行の妨害をはかるトラブルがありました。

■道路の所有形態が複雑な場合

いわゆる開発道路は、一つの道路筆を多人数でもち合う形としているのが一般的

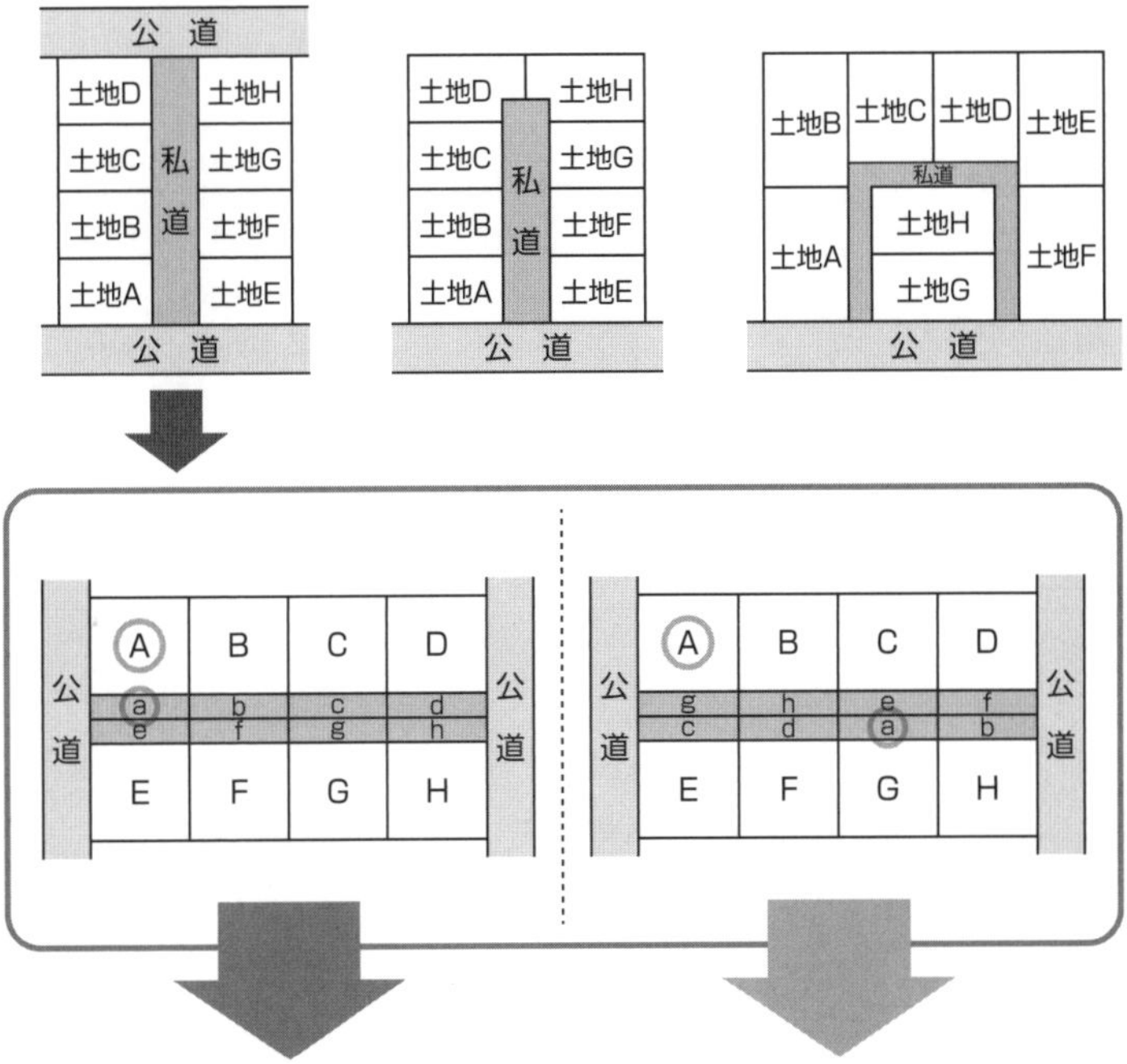

私道の所有部分と敷地が接していると、道路部分を私有地化しやすくトラブルが生じやすい

私道の所有部分を敷地とずらしてあればトラブルは生じにくい

このケースは裁判で争われ、最終的に裁判所命令で廃棄物が撤去されましたが、トラブルが収まるまでには1年以上の年月がかかったようです。

このように、道路の名義が不動産開発業者などのケースもとくに注意が必要です。

○河川や排水路が近くにある場合の氾濫履歴について

【質問すべき内容】

1. 降雨時に近くの河川や下水などが氾濫した経緯はないか？
2. 氾濫した経緯があるとき、住宅が床下浸水などをした経緯はないか？

【ポイント】

・近くに河川がなくてもゲリラ豪雨による床下浸水などの経緯がないか確認
・液状化しやすい土地などは、ハザードマップなどである程度予測できるので、国土交通省がまとめたハザードマップポータルサイトを一度は見ておくべき

【質問の意図】

地球温暖化の影響や市街地のヒートアイランド現象など、ゲリラ豪雨の影響で都心など下水インフラが整っている市街地でも、雨水が氾濫する場合が見られるようになりました。

このような突発的な豪雨によって、過去に近くの河川や下水などが氾濫したことなどがないかを不動産業者と住宅の売主から確認するべきです。

住宅が浸水している経緯があると、見えない箇所に腐食した部分があることもあり、構造材が腐食していた場合には地震に対する耐震性の面で問題となることがあります。

また、近くに河川や下水などがない地域でも、ゲリラ豪雨によって地域一帯が氾濫する場合もあります。

売主などから実際に氾濫があった経緯を聞き取るほかに、各自治体が作成したハザードマップで土砂災害や津波に関して今後に災害が生じる恐れがある予想区域などをまとめたポータルサイトが国土交通省により配信されています。

「洪水浸水想定区域」「津波浸水想定区域」「土砂災害危険箇所」に関するものなど、住宅を購入する際、ハザードマップで購入する場所に関して少なくとも一度は自分で調べていただきたいものです。

○上水道の引き込み管の材質と埋設時期について

【質問すべき内容】

1．道路の本管から宅地内に引き込んだ水道管の埋設時期はいつ頃か？

2．埋設時期が古い場合、管の材質は何を使用しているか？

【ポイント】

・一般的な重要事項説明では、引き込み分岐管の材質までは説明されない

・宅地内に水道管を引き込んだ時期が古い場合には旧式の「鉛管」や「鉄管」であることもあり、腐食が激しいと飲用して健康に悪影響を与えることもある

・管の材質が旧式のもので適切でない場合の取り換え工事には１００万円程度の費用がかかることもある

【質問の意図】

住宅の購入契約を行う前には、あらかじめ「重要事項説明」が不動産仲介業者より行わ

れますが、この重要事項説明書のなかでは、単に、上水道が宅地内に引かれているか否かと、管の太さを説明するにとどまる場合があります。

このため、水道の分岐管が「鉛管」や「鉄管」の旧式であった場合には、のちに予期せぬ分岐管の取り換え工事が必要となることもあります。分岐管の取り換え工事費用は敷地や建物の状況にもよりますが100万円程度かかる場合もありますので注意が必要です。

道路の地中には、主に自治体が管理する上水道の太い「本管」が通り、そこから各敷地に水道管が分岐され埋設されています。

この分岐された管の所有者とは、敷地境界線より内側が敷地の所有者（水道利用者）であり、道路側の分岐管部分は水道を供給する自治体所有になります。

すなわち、分岐された管が古くなった場合の敷地内部分にかかる取り換え費用は、基本的には自治体が工事費を負担してくれるわけではなく、自費で行う必要があります。

このような旧式の管では、さびによる劣化が生じている場合があり、著しく劣化しているると、その水を飲用すれば健康を害することも考えられます。

ゆえに、分岐管がいつ頃埋設され、分岐管の材質が何であるかを確認しておくべきです。

現在の水道管は「ステンレス鋼管」や「塩ビ管（ＨＩＶＰ管等）」などが一般的であり、なかでもステンレス管は耐久性、耐食性、耐熱性ともに優れた材質とされます。

耐用年数も他の材質よりも比較的長いとされ、塩ビ管やライニング鋼管は25年、銅管が30年程度とされるところ、ステンレス管は40年とされます。この40年という寿命はステンレス管そのものの耐用年数ではなく、つなぎ目に使用されるパッキンの寿命であって、ステンレス管そのものは40年以上もつとされます。

このような上水道の埋設分岐管に関する内容などは、家の所有者が知らないことも多いので、事前に不動産仲介業者に頼んで管の種類や埋設された時期まで重要事項説明書に記載するよう依頼をしておきましょう。

ちなみに、地中から出て建物の基礎の上など、建物内部で通す管としては、「ポリエチレン管（ＰＥ管）」「ポリブテン管（ＰＢ管）」などの柔らかい合成樹脂管が使用されます。先の地中に埋設される分岐管で使用される材質と混同しないよう、埋設分岐管と建物内の水道管との区別が必要です。

○古井戸や浄化槽、廃棄物などの地中埋設物の存在について

【質問すべき内容】

1. 敷地内に古井戸や浄化槽などの埋設物はあるか?
2. ゴミや産業廃棄物などが埋まっている可能性はあるか?

【ポイント】

・一般的な浄化槽の撤去費用は、建物解体と同時に行えば比較的安価に済む
・古井戸の埋め戻しは、お祓《はら》いをしないと業者は埋める作業をしてくれない
・問題なのは、有害なゴミや産業廃棄物が出土した場合の補償責任。過去において事業所や作業場などとして利用した経緯はないかを確認する

【質問の意図】

下水処理が進んでいない地域、または、下水処理が比較的近年に行われるようになった地域では、各敷地内に浄化槽が備わっている可能性があります。

浄化槽が現在も使われている場合には、法律で定期的な浄化槽検査を受ける必要がありますので、建物所有者は定期的に検査業者へ検査料を払っています。

浄化槽は、一般的にはプラスチック製のボックス形状になっていますので、この場合には撤去は容易です。他方、比較的古い時代からあった住宅地ではコンクリートで形成された浄化槽もあります。

コンクリート製の場合、建物解体工事とともに撤去を行えば比較的安価であり、筆者の経験では、小型のコンクリート浄化槽の場合、おおよそ5万〜10万円程度の追加費用で建物とともに撤去ができたものがありました。

なお、すでに浄化槽を使用しなくなっていた際には、建物所有者も浄化槽があることを忘れてしまっている、あるいは建物の相続の際などに告げられていなかった場合もあります。

また、古井戸が敷地内にある際に、古井戸を埋める作業を業者にお願いする場合、お祓いを行わないと埋めてくれないようです。お祓いの費用は数万円程度といわれます。

このような古井戸の存在や浄化槽など、生活にかかわるものの存在はそれほど大きな問題とはなりませんが、注意したいのは、敷地の地中にゴミや産業廃棄物などが埋まっていることがわかったときです。

以前、筆者（松本）が戸建て分譲会社に在籍をしていたころ、事業用地として仕入れた土地に関して、しばしば問題とされたのが土地の地中埋設物に関することでした。とくに大きな問題となるのは、このようなゴミや産業廃棄物が、人体に影響があるような有害物質を含んでいた場合です。

結論を申せば、これら地中埋設物の存在をすべてあらかじめ正確に予想することは難しく、建物の建て替えの際などに予期せぬ出費が伴うこともある程度覚悟しなければなりません。

地中埋設物が発見されるというのは、主に現状の建物を取り壊して建て替えるときであり、その頃には売主の保証責任の期間が終了したあとであることが多いものです。すなわち、保証責任の期間が過ぎたあとでは、売主へ補償するよう要望することは難しいものと考えられます（ただし、売主がその事実を知っていて買主に告げなかった場合は除かれます）。

そのため、最低限、過去において事業所や作業場などとして利用した経緯はないかを、売主や不動産業者などから確認しておくべきです。

○隣接建物の一部や境界壁などの越境物の存在について

【質問すべき内容】

1. 隣地の建物や物置、室外機、工作物などがこちら側に越境をしていないか？
2. 逆に、こちら側の建物の一部などが隣地に越境をしていないか？

【ポイント】

・1の場合、越境物の撤去が可能な場合には、売主の側で隣地者から越境物撤去の同意を交わしてもらうようにする

・2の場合、隣地者が越境事実の承諾をしているか、また、隣地所有者が変わった場合にもその内容を承継する責任書面を売主にて交わしてもらうようにする

【質問の意図】

建物の庇《ひさし》や雨どい、あるいは敷地の隅に設置されている物置や擁壁などの工作物、ある

いはエアコンの室外機などについて、それらの一部が隣地に越境していることはしばしばあります。越境物が存在する場合、直近としてはあまり問題にはなりませんが、こちら側、あるいは隣地者が建物の建て替えなどを行う際にトラブルに発展することがあります。

このような越境物に関するトラブルは、不動産取引では典型的な問題です。とくに、中古戸建てを購入する際には、十分注意を払ってください。

まず、隣地の建物や物置、エアコンの室外機、壁などの工作物の一部が購入する住宅の敷地に越境している場合、庇など建物の一部のときには、建物の一部であるがゆえに、事実上、その部分を撤去してもらうことは難しくなります。

また、物置や車庫の一部などが越境している場合にも、すぐに越境の状態を解消するよう要望することは、かえって隣地の方とのトラブルを引き起こしかねません。

したがいまして、これらの場合には、隣地者が越境物を撤去できるようになった場合に撤去をしてもらい、その後は再び越境をしないよう、あらかじめ売主に対して、隣地者からその同意書を得られるよう要望することも考慮しましょう。

他方で、これから買おうとしている住宅の一部などが隣地に越境している場合には、越境状態を容易に解消できれば問題はありませんが、事実上、解消ができない越境の場合には、あらかじめ売主の側にて隣地者に越境していることの承諾書をもらうように要望してください。

また、この場合の承諾書には、将来、隣地所有者が変わった場合にも、越境されていることに関する同意の承継を記述してもらうようにしてください。

いずれにしても、隣地者との付き合いが長い売主の責任において、このような働きかけをしていただくことが適切です。越境物を発見した場合には、後日のトラブル回避のためにも、なるべく売主に越境に関する確認書面を交わしてもらいましょう。

なお、境界線に沿って設置されるブロック塀やフェンスなどが境界線の中心に設置されている場合には、それらの設置物は隣地の方と当方との「共有物」になります。

共有物である場合には、通常の保存行為（修繕措置など）は単独でできますが、設置替えなどの場合には必ず隣地者の同意が必要になりますので、一方的に取り外すなどすることはできません。

○深夜の騒音や振動などの状況について

【質問すべき内容】

1. 深夜遅く、周囲に騒音を生じさせるような事象はないか?
2. 前面道路は大型ダンプなどが頻繁に通ることはないか?

【ポイント】

・近所にコンビニなど深夜に営業している店舗などがあると、駐車場でのエンジン音や、深夜における若者たちの声などに悩まされる場合がある
・趣味・娯楽・宗教などの集会場などが周囲にないかも質問してみる
・深夜に大型トラックが通る道路に面していると、昼間はとくに気にならなくても、寝入る際には振動が気になって寝つけない場合がある

【質問の意図】

住宅関連で悩ましい問題の一つが、隣接者との騒音などに関するトラブルです。

賃貸の場合には引っ越すことは比較的容易ですが、住宅を購入した場合には深刻な問題にもなり得ます。

たとえば、コンビニエンスストアが近所にあることは利便性に優れますが、深夜遅くまで営業しているとか、24時間営業の店舗では、あまり店舗に近いと深夜の騒音に悩まされる場合もあります。

また、近所に趣味や娯楽、宗教集会などで大勢の人が集まる家などがないか、深夜遅くまでパーティーを行うなど多くの若者が集まる家などがないか、できるだけ周囲の騒音関係については売主などから早めに聞き取るべきです。

騒音だけでなく、振動に悩まされる場合もあります。深夜に大型トラックが頻繁に通行する道路に面している場合、昼間はとくに気にならないような振動でも、布団に入ってからその振動が気になり、なかなか寝つけないような場合もあります。

ただし、このような騒音や振動の程度というものは、これまで生活してきた環境などによって、人それぞれ影響される程度はかなり異なるものです。それゆえ、とくに問題ない程度のものとして売主から具体的に伝えられない場合もあります。

このようなトラブルを完全に聞き取ることはなかなか困難なことではありますが、購入しようと思った場合には、なるべく早い段階で売主に尋ねておきたい事柄です。

以下に、ここまで記述してきた質問事項をリストにまとめました。コピーしたり、携帯のカメラで撮影するなどして、不動産仲介業者との交渉にもっていってください。

■質問事項と質問すべき内容

□新築時の建物保証とアフターサービスの引き継ぎの可否

1. 築10年未満の建物の場合、新築時の建築会社による建物保証の継続を受けられるか？
2. 築10年を超えた建物でも、一定の基準を満たした場合に受けられる建築会社からの延長保証を受けることはできるか？

□建物インスペクションと修繕リフォーム工事費の見積もり作成の可否

1. 修繕やリフォーム費用を見積もる目的で行う建物インスペクションについて、売主はその実施を受け入れてくれるか？

□売主が十分な保証責任を負うことに応じようとしない場合

1．売主は、既存住宅売買瑕疵保険の付保手続きに応じてくれるか？
2．保険を付保するまでの申請手続きの流れを確認し、手続き完了後の引渡し時期が遅くなった場合にも売主の都合に合うか？
3．売買契約締結後、万一、保険の付保ができないことが判明した場合には、契約は白紙解約としてもよいか？

□売主が不動産業者である場合の保証責任について

1．「既存住宅売買瑕疵保険」が付保されている、あるいは付保できる中古住宅か？
2．保険が付保されていない場合、付保する手続きに応じてくれるか？
3．保険が付保できない場合、その具体的な理由は何か？

□地盤調査資料の有無と、地盤改良工事の実施について

1．建物建築時に行った地盤に関する資料はあるか？
2．地盤改良等の工事が行われていた場合、どのような工事を行ったか？

□確定測量図の有無と、境界標の現地確認について

1. 隣接土地所有者全員の同意印が押印された「確定測量図」はあるか？
2. 確定測量図の通り、敷地の境界標は全箇所付設されているか？

□建築確認申請書や設計図面は適切に揃っているか

1. 建築確認申請書など、売主が保有する書面・図面はどのようなものが保管されているか？

□私道路の場合の所有権と利用形態について

1. 私道の場合の所有形態はどのようになっているか？
2. 過去に通行に関するトラブルはなかったか？

□河川や排水路が近くにある場合の氾濫履歴について

1. 降雨時に近くの河川や下水などが氾濫した経緯はないか？
2. 氾濫した経緯があるとき、住宅が床下浸水などをした経緯はないか？

□上水道の引き込み管の材質と埋設時期について

1. 道路の本管から宅地内に引き込んだ水道管の埋設時期はいつ頃か？

2. 埋設時期が古い場合、管の材質は何を使用しているか？

□古井戸や浄化槽、廃棄物などの地中埋設物の存在について

1. 敷地内に古井戸や浄化槽などの埋設物はあるか？
2. ゴミや産業廃棄物などが埋まっている可能性はあるか？

□隣接建物の一部や境界壁などの越境物の存在について

1. 隣地の建物や物置、室外機、工作物などがこちら側に越境をしていないか？
2. 逆に、こちら側の建物の一部などが隣地に越境をしていないか？

□深夜の騒音や振動などの状況について

1. 深夜遅く、周囲に騒音を生じさせるような事象はないか？
2. 前面道路は大型ダンプなどが頻繁に通ることはないか？

第5章

「人生100年時代」を見据えた住まい購入の資金計画

1 変動金利と固定金利のどちらを選ぶ？

○「優遇金利」により住宅ローン商品の選別は複雑化した

近年、金融機関における住宅ローンの貸し出し競争が激化したことで、いわゆる店頭表示されている金利よりもさらに低い「優遇金利」という形で、適用される金利を引き下げています。

優遇金利とは、勤務先に関する属性の違いや、借入金額による年収比率、完済年齢時期、頭金割合などの諸条件により、個々の金融機関で店頭表示金利よりもさらに低い金利を適用するものをいいます。

金融機関が独自に優遇金利を適用することで、店頭表示されている金利は昔でいう商品の「定価」のような位置づけになっています。

この優遇幅を金融機関はローン顧客獲得のための競争戦略としていますので、実質的な住宅ローン金利は一昔前では考えられないほど低い利率で貸し出されています。

なぜこのように、個々に適用される金利をはっきりと明示しないのか、その理由は、お金を貸す顧客の選別を行うという側面があるためです。

最大優遇幅を大きく表示し、あまり返済の信用力が高くない顧客については優遇幅を小さくすることで、顧客選別を行うことになります。

この優遇金利などによる適用金利の差異の出現により、住宅ローンを選ぶ際の金融機関の選別が難しくなっています。また、どのローン商品を選ぶべきか、あたかも携帯電話料金のように、損得の見極めも複雑なものになっています。

たとえば、低い金利が適用される期間が全期間ではなく、「5年固定金利プランについては何パーセント優遇」、あるいは「当初何年間は大幅金利優遇」などと、期限を区切ったものも多く、ローン商品の選択にはさらに迷うばかりです。

各金融機関の優遇金利幅だけに目が行きがちではありますが、かえって複雑でわかりにくくなります。まずはやはり、「変動金利」と「固定金利」の成り立ちの違いという基本的な考え方から始めましょう。

○変動金利と固定金利はどのように選ぶ？

左ページに、変動金利と固定金利のそれぞれの特徴を挙げてみました。

金利が安定する「固定金利」を選択したい方々は、今後、金利は徐々に上昇するであろうと見込んでいる方や、また、将来の生活資金計画に対する不安などがある方だと思います。

そのような方から、「全期間固定型」と「固定期間選択型」とではどちらを選ぶべきかという質問を受けることがあります。

これに対しては、「子供さんの教育費が最もかかる大学卒業の時期までを目安とした固定期間選択型としてはいかがですか」とアドバイスをしています。つまり、家族の事情に合わせた固定期間選択型をお勧めしています。

このような**変動と固定の両金利の内容を知れば知るほど迷いが深まる方に対して、一度**

■「変動金利」と「固定金利」の特徴をおさえて選ぶ

変動金利の特徴

- 借り入れた後の金利の見直し（変動）は半年ごとに行われる
- 金利が見直されても5年間は返済額が変わらない（5年ルール）
- 金利が上昇していても、５年ごとの見直し後に返済額は1.25倍まで（125%ルール）
- 金利が上昇した場合、利息の支払いが多くなるため元金（借金）の返済が少なくなる
- 変動金利から固定金利への変更は随時可能であるが、変更時に一定の手数料がかかる
- 金利形態の変更後における優遇金利の適用内容については、あらかじめ確認をすること
- 金利上昇局面においては、変動金利よりもむしろ固定金利のほうが先に上昇するため、固定金利に変更しても十分なリスク対策にならない可能性がある

固定金利の特徴

- 固定期間中は金利が上昇しないため、返済計画が立てやすい
- 変動金利よりも金利が高い分、元金（借金）が減りにくい
- 固定期間中に変動金利への変更はできない
- 固定期間が終了したあとにとくに手続きをしない場合、自動的に変動金利となる（手数料なし）
- 固定期間が終了したあとは再度、他の固定金利を選択することもできる（ただし手数料あり）
- 金利形態の変更後における優遇金利の適用については、あらかじめ確認をすること
- 金融機関によっては、著しく金利上昇となった場合には、金融機関側からの申し出で金利を固定期間中でも見直せる一方的な特約を盛り込んでいる場合があるので注意する

検討をお勧めしたい形式が「ミックス返済」です。

ミックス返済とは、住宅ローンの半分ずつ、または、何割かを変動金利及び固定金利として借りる（変動と固定のミックス）、あるいは固定期間の違う固定金利を合わせた形式（たとえば、3年固定と全期間固定をミックスするなど）のローンのことです。

変動金利と固定金利の長所と短所をそれぞれ含めた借り方であれば、両者のいわばよいとこ取りをし、かつ、リスクを分散した形式になりますので、どちらを選択すべきか迷うような方にとっては検討しやすい形式であると思います。

ミックス返済のデメリットとしては、住宅ローンを2本組みますので、その分、印紙税や司法書士への登記料などが多めにかかることです。また、全額返済し終わったあとの結果論となりますが、「やっぱり、最初から変動金利で全額借りていたほうが得だった」などと、後悔する可能性もあります。

変動金利と固定金利、どちらを借りれば金銭的に得であるという結論を断定的に提示することはできません。ですので、両者の特徴を見比べ、しっくりくるほうの金利を選ぶべきということになります。

○金利が低いほど返済とともに借金が減るスピードが早い

住宅ローン金利が低いものを借りるほど、毎月の支払額が減るばかりではなく、借金の減り方が早まるというメリットがあります。

ローンの金利が低いほど、毎月の返済額のうち、元金の返済部分が大きくなるためで、借金が早く減ることになります。また、このことは、住宅ローン破産を避けるための利点となります。

たとえば、193ページ図から、住宅ローン金利が３％の場合と１％の場合とで、元金と利息の返済割合構成を見てみますと、元金部分の返済に大きな違いが生じていることが読み取れます。

参考までに、１９８０年代のバブル期においては住宅ローン金利は８％水準にも至っていました。このような高金利では、毎月支払う返済のうち大部分は金利の支払いにあてられることになり、返済開始後しばらくの間は借金がほとんど減らないことになります。

このような高金利の時代においては、借金をしてまで住宅を購入する人などいなかっただろうと考えがちですが、他方で、バブル期は土地などの不動産価格が顕著に上昇していた時代でした。

買った住宅がおおよそ当初よりも高い価格で売却できました。それゆえ、このような高水準の金利でも、当面ローンの支払いができればとくに問題はありませんでした。

しかしながらその後、バブル経済が崩壊して土地価格が下落に向かいはじめた頃から、多額の借金が足かせとなり、住宅を売却しても多くの借金が残る状態が続きました。

バブル経済崩壊後は、「またしばらくすれば、土地価格は上昇するだろう」との甘い観測から、ローンの債務超過の状態はさらに膨らみ、自己破産に陥る人があとを絶たない時代でした。

■ローンの金利が低いほど、借金の減り方が早まる
（元利均等返済のイメージ）

金利３%の場合

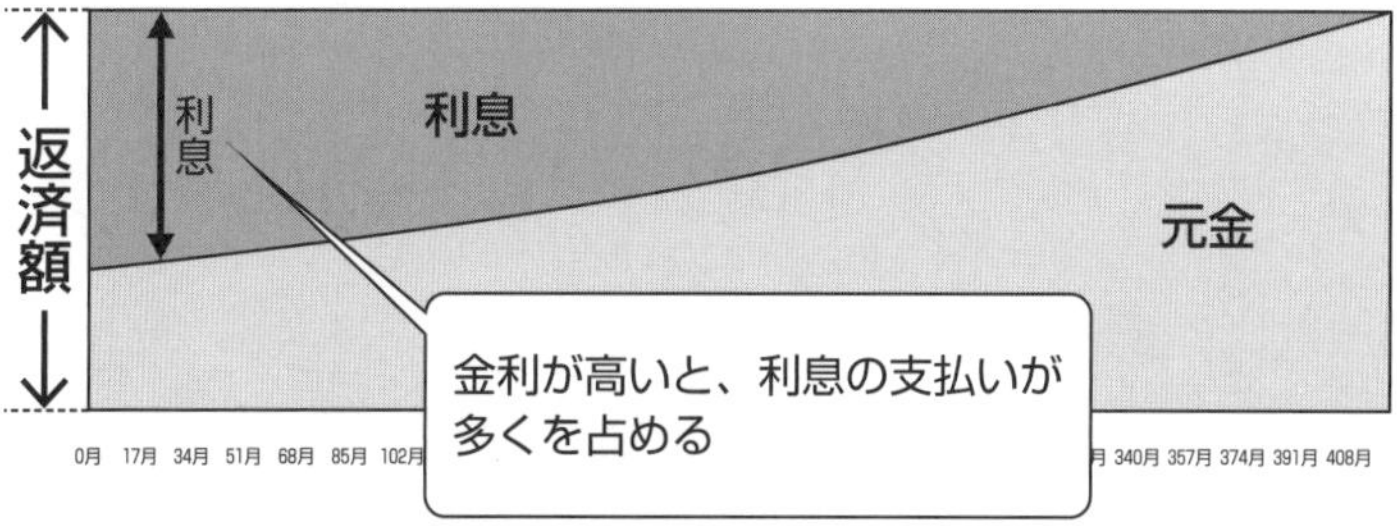

金利１%の場合

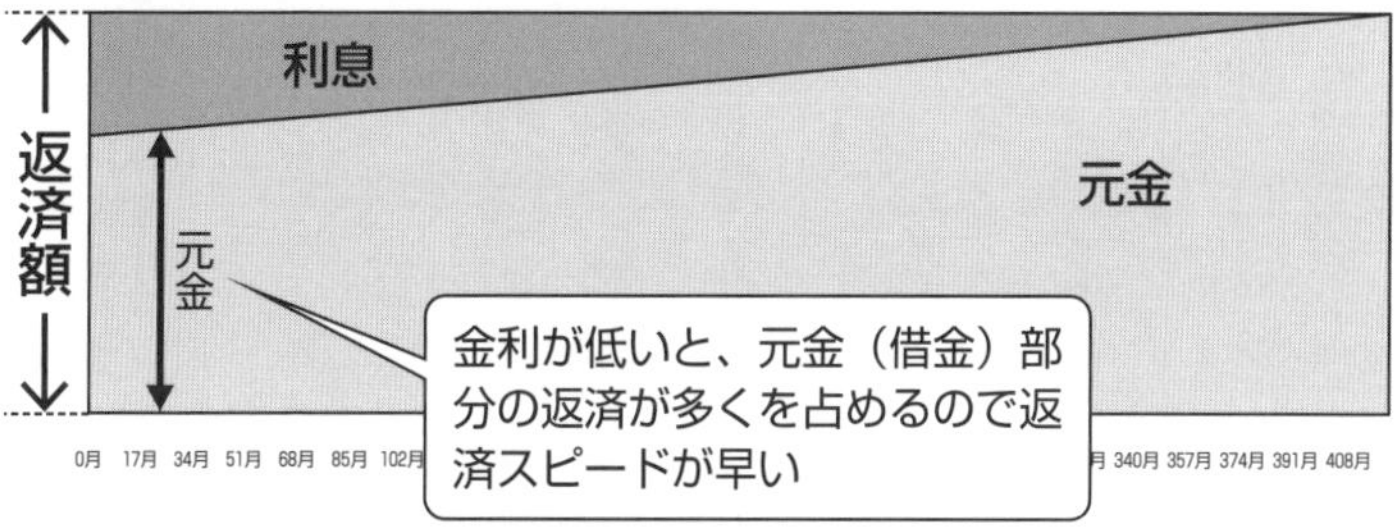

金利８%（バブル期）の場合

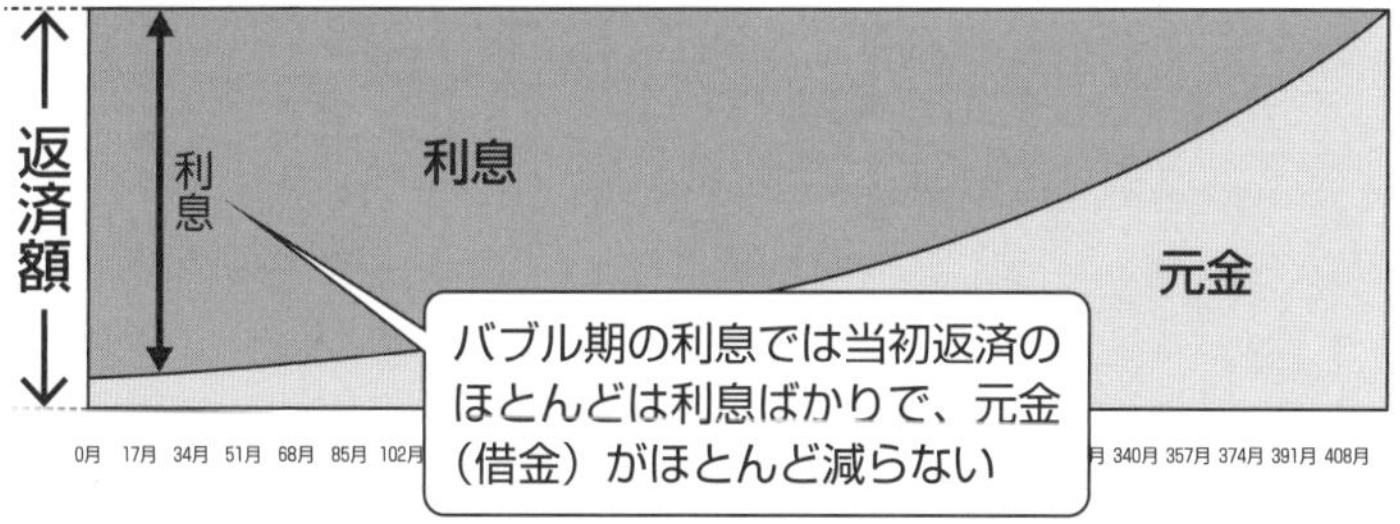

○中古住宅の購入でもローン控除が受けられる

住宅ローン控除の対象となる中古戸建てというのは、平成33年（２０２１年）12月31日までの間に、居住用家屋を取得または一定の増改築等をした場合に対象となります。具体的に、住宅ローン控除の対象となる主な要件は左ページ図のようになります（２０１８年６月現在）。

住宅ローン控除を受けるためには、確定申告をする必要があります。給与所得者は１年目には自分で確定申告をする必要がありますが、２年目以降は年末調整で住宅ローン控除を受けられます。

また、住宅ローン控除は、サラリーマンなどの給与所得者であれば給料から天引きされた所得税額を上限として返してもらえる制度ですが、天引きされる所得税分では控除しきれない場合には、住民税について一定計算のもとで翌年度分を減額することができます。

■住宅ローン控除の対象となる中古戸建ての主な要件

	中古戸建てに関する住宅ローン控除の要件
ア	取得の日から６か月以内に居住の用に供し、適用を受ける各年の12月31日まで引き続いて住んでいること
イ	この特別控除を受ける年分の合計所得金額が3000万円以下であること
ウ	取得をした**住宅の床面積（登記簿に表示されている床面積）が50㎡以上**であり、床面積の２分の１以上の部分が、専ら自己の居住の用に供するものであること
エ	**10年以上にわたり分割して返済する方法**になっている取得のための一定の借入金または債務（民間の金融機関や住宅金融支援機構等の住宅ローン等）があること
オ	居住の用に供した年とその前後の２年ずつの５年間に、居住用財産を譲渡した場合の長期譲渡所得の課税の特例等の適用を受けていないこと
カ	建築後使用されたものであること
キ	耐火建築物以外の建物の場合には、**その取得の日以前20年以内に建築されたもの**であること、要件に該当しない場合には、一定の耐震基準に適合するものであること（**耐震基準適合証明書の提出**であり、平成17年４月１日以降に取得をした場合に限る）
ク	取得のときに生計を一にしており、その取得後も引き続き生計を一にする親族や特別な関係のある者等からの取得でないこと
ケ	贈与による取得でないこと

■住宅ローン控除の控除期間と控除率（平成26年１月１日から平成33年12月31日までに居住した場合）

	住宅借入金等の年末残高の限度額	控除率	控除期間	10年間の最大控除額
中古・増改築等	4000万円	１％	10年間	400万円
認定住宅	5000万円	１％	10年間	500万円

注１　「認定住宅」とは、認定長期優良住宅、または認定低炭素住宅
注２　上記は、「特定取得」として、住宅の取得等の対価の額または費用の額に含まれる消費税額が、８％の税率により課されるべき消費税額である場合に限ります

たとえば、住宅ローンの年末残高が3000万円の場合、
3000万円の１％に相当する30万円が控除として受けられる
（ただし、控除を受けられる金額は、課税される所得税額分に限られる。所得税で控除しきれない場合は一定の住民税についてその翌年分が減額される）

※住宅金融支援機構ＨＰより作成

○築20年を超えた中古戸建ては「耐震基準適合証明書」の取得を検討

「耐震基準適合証明書」とは、建物の耐震性が基準を満たしていることを建築士等が証明する書類です。

築20年を超えた中古戸建ては、住宅ローン控除を受けるための築年要件を満たしていませんが、この耐震基準適合証明書を税務署に提出（既存住宅売買瑕疵保険を付保しない場合）することにより、築年要件を満たさない建物でも、住宅ローン控除を受けられるようになります。

ただし、この適合証明書を取得するときには、いくつか注意することがあります。

まず、売主から建物の引渡し前に適合証明書を取得する場合には、耐震診断を行うことと、耐震診断を行った結果、必要な改修工事を実施することについて、あらかじめ売主の許可を必要とします。

建物の引渡し前に、必要な改修工事などを行う必要があるからです。耐震診断の費用は、一般的には10万円程度といわれています。

■「耐震基準適合証明書」取得の際の注意点（既存住宅売買瑕疵保険を付保しない場合）

建物引渡し前に取得する場合

- 耐震診断を行うことについて売主の許可が必要
- 耐震診断の結果、現行の耐震基準を満たさない場合の必要な改修工事を実施することについても売主の許可を要する
- 売主の許可が得られない場合には、建物引渡し後に取得することを検討する

建物引渡し後に取得する場合

- 建物の耐震改修工事の実施が要件であり、耐震診断の結果、現行の耐震基準を満たす場合には制度の適用対象外となる
- 所有権移転登記の際、新住所による登記は行わないこと

このような建物引渡し前の耐震診断などについて、売主から事前の許可が得られない場合には、建物引渡し後にこれら必要な診断や改修工事を行わなければなりません。

この場合には、建物の耐震改修工事の実施が要件となり、耐震診断を行った結果、現行の耐震基準を満たすことが判明した場合には、耐震改修工事の実施は不要となりますが、適合証明書を取得するためには耐震改修工事の実施が不可欠の要件ですので、その結果、適合証明書の取得ができなくなります。

したがいまして、耐震基準を満たしそうな建物では、建物引渡し前に耐震診断をさせてもらえるよう、売主の許可を得ることが必要になります。

また、築年数や工法によって証明書の取得手続きが異なりますし、築年数の古い木造住宅の場合は耐震改修工事が必要と判断される可能性がありますので、購入したい物件が決まった段階で必要な手続きについて専門家などに確認する必要があります。

なお、適合証明書の取得ができた場合には、住宅ローン控除のみならず、登記に関する一定の登録免許税や不動産取得税、固定資産税などが減額される場合がありますが、建物引渡し後に取得した適合証明書では減額されない税金もありますので注意してください。

2 繰り上げ返済は「住宅投資術」である

○住宅投資としての老後対策と金利削減の相乗効果

変動金利と固定金利のどちらを選択するか、それと同時にこだわっていただきたいのが「繰り上げ返済」についてです。

本書では、なるべく退職・老後という年代に至る前に、住宅ローンの返済を終えることを念頭に置いています。まさに、人生100年時代を見据えた有効策として提案をします。繰り上げ返済は、手元資金を圧迫しない範囲において、適切な方法で、なるべく早期に行うべきものと考えます。

他方で、住宅ローン金利が十分に低いことを鑑みれば、繰り上げ返済を行うよりも、株式投資や投資信託などの金融商品の購入などに資金をあてて運用したほうが投資効率としてはむしろよいという意見もあります。

この点に関し、私としては、**日本人の投資に対する元本割れを嫌う気質や、日本社会における平均寿命の延びに対する人生設計の観点から、なるべく住宅ローンの繰り上げ返済に資金をあてることを優先すべき**と考えます。

一点、十分留意していただきたいことは、「あとから繰り上げ返済を行えばよい」として、借入の際に、住宅ローンの返済期間をいたずらに長く設定することは、はじめの借入金額を膨らませることにつながりますので本末転倒となります。

「あとから繰り上げ返済ができますので、検討段階での借入期間は、最長の35年としておきましょう」などという、繰り上げ返済に関する営業トークには、十分注意してください。

本項のタイトルに書きましたように、繰り上げ返済は、老後対策として有効な住宅投資術であり、また、支払い金利の額を削減する効果があります。

以下では、具体的な「繰り上げ返済」をかしこく行うノウハウについてご説明していきます。

○「期間短縮型」と「返済額減額型」では期間短縮型のほうが効果大

繰り上げ返済を行う方法には、①期間短縮型と、②返済額減額型の二つがあります。

「①期間短縮型」は、繰り上げ返済をすることにより、返済期間を短縮する方法です。「②返済額減額型」は、繰り上げ返済をすることにより、毎月の返済額を繰り上げした分だけ減らし、返済期間はそのままにする方式をいいます。

両者における具体的な支払金利の削減効果は202ページ図のとおりです。**①期間短縮型の繰り上げ返済のほうが支払う金利の削減額が大きい**ことがわかります。

したがいまして、繰り上げ返済の基本戦略としては、老後対策と支払金利の削減の観点から、①期間短縮型による繰り上げ返済を優先し、借入した時点からなるべく早い時期に行うのが効果的です。

借入期間の短縮により、退職・老後という年代に至る前に、住宅ローンの返済を終えることが何より望まれます。

■期間短縮型と返済額減額型の具体的な比較（例）

●100万円を1年後に繰り上げ返済した場合の効果

［借入金額4000万円、金利1.5%、
返済期間35年、元利均等返済方式の場合］

繰り上げ返済方式	1年後に100万円繰り上げ返済した場合の支払利息の削減額
①期間短縮型	▲638,310円
②返済額減額型	▲277,193円

「①期間短縮型」の繰り上げ返済のほうが支払う金利の削減効果が大きい

なお、金融機関によっては「返済額増額指定サービス」というものもあります。

手元資金などに余裕がある時期に期間を設定し、その期間中は自動的に月々のローン返済金額を多めにできるサービスです。

これは、いわば繰り上げ返済を一定期間に限って自動で手続きしてくれるようなものですので、家計収支が安定した時期には検討してみるのもよいかもしれません。

ただし、サービス機能の設定時と、サービスを途中で中止する場合に、一定の手数料がかかります。

○繰り上げ返済は早めに行うほど効果的

ひと昔前までは、繰り上げ返済を行うには、そのつど、数千円の手数料がかかりましたので、ある程度金額がまとまった時点で繰り上げ返済を行わないとかえって金銭的には不利となりました。

今では、インターネット経由の手続きで繰り上げ返済を行えば、変動金利も固定金利の場合も、手数料を無料とする金融機関が多くなっています。要するに、どの金融機関もインターネットによる繰り上げ返済手数料は無料であるということになり、あまり差異はありません。

他方で、1回あたりの繰り上げ返済ができる「下限金額」が、金融機関ごとで若干違いますので、繰り上げ返済を行う際の利便性に差異が生じてきます。

ところで、ボーナスを受けた月に一括まとめて繰り上げ返済を行うこともあると思いますが、**お勧めしたいのは、毎月の家計収支を見定めたうえで、無理をしない範囲内でコツコツ、ちょこちょこと繰り上げ返済をする方法**です。

■繰り上げ返済は早め早めが効果的

●100万円を「期間短縮型」で繰り上げ返済した場合

［借入金額：4000万円、金利1.5%、
返済期間35年、元利均等返済方式の場合］

繰り上げ返済を行う時期	100万円繰り上げ返済による支払利息の削減額
借入から１年後	▲638,310円
借入から３年後	▲601,008円
借入から５年後	▲538,968円
借入から10年後	▲428,332円

↓

借入してからなるべく早く繰り上げ返済したほうが支払利息の減額につながる（ただし、住宅ローン控除との関係に留意）

手間はかかりますが同じ繰り上げ返済金額であれば、一括してまとめて行うよりも金利削減の効果があります。

それと同時に心得ていただきたいのは、**住宅ローンを借りてからなるべく早い段階で繰り上げ返済を行うことが、金利削減には大いに効果がある**ということです。

具体的な金利の削減効果として、１００万円について繰り上げ返済を行う時期ごとに、いくら金利を削減することができるかを計算したものが上表になります。早く行ったほうが、投資効果が高いということです。

ただし、繰り上げ返済を行う時期については、「住宅ローン控除」との関係についてもご留意してください（次項参照）。

○繰り上げ返済にこだわるためのチェック項目

インターネットの手続き操作画面で、毎月のように手数料無料の繰り上げ返済の手続きを行うと、ある種の心地よさを感じてしまい、ついつい繰り上げ返済をしすぎる方が散見されます。

その場合、手元資金が手薄になり、急にまとまったお金が必要となった場合に対処ができなくなります。

他方で、団体信用生命保険（団信保険）に関して、保険の適用について繰り上げした分、保険の適用を切り上げられるという側面があります。

つまり、団体信用生命保険は、ローンを借りた方が万一死亡した場合や一定の高度障害に陥った場合にはその後のローンの支払いを免除される保険ですので、繰り上げ返済を行った分について、万一の際の保険適用（その後の返済免除）のメリットを少なくすることになります。

団信保険に関するメリットと、繰り上げ返済による老後対策や金利削減効果のどちらを取るべきか、その選択は、人それぞれの考え方によると思います。

なお、住宅ローン控除を受けるには、金融機関等からの借入期間が10年以上あることが条件ですので、繰り上げ返済をすることで返済期間が10年未満となる場合には住宅ローン控除が受けられなくなりますので注意をしてください。


ところで、借入から10年以内に繰り上げ返済を行った場合には、住宅ローン控除による還付額が少なくなる面もありますが、どのように損得を考えればよいでしょうか。


これまで試算したところでは、おおよそ金利1％以上で住宅ローンを借りている場合は、住宅ローン控除の減少額よりも、繰り上げ返済の利息軽減効果のほうが高いと考えられます。

一方、金利1％よりも低い住宅ローンを借りていて、住宅ローン控除を最大限活用できている場合は、一般的に住宅ローン控除が終わってから繰り上げ返済したほうが、金銭的には若干ながら有利となりそうです。

ただし、所得税額などの諸条件により、一概にはいえない場合もあります。

■「繰り上げ返済」にこだわるためのチェック項目

- □ 繰り上げ返済手数料無料の金融機関がいい
- □ 1回あたりの繰り上げ金額の下限が低い金融機関がいい
- □ 毎月の返済額減額型よりも期間短縮型が有利
- □ 借りてから早い時期に行うほど金利削減は大きい
- □ 手数料無料なら一括まとめてよりもこまめに返済する
- □ 繰り上げ入金期日の縛りが少ない金融機関がいい
- □ ローン控除の還付を考えると年越ししてから大きく返済

【繰り上げ返済の注意点】

- 一度行った繰り上げ返済分については、家計収支の悪化等を理由に返金してもらうことはできない
- 繰り上げ返済を行っただけ、団体信用生命保険が適用されるメリットを切り上げるという側面もある
- 住宅ローン控除額との損得を考慮すると、おおよそ借入金利が1%未満の場合には、控除が終わる10年後に繰り上げ返済を行うほうが効果的

○老後の住居費対策のための「元金均等返済方式」の検討

住宅ローンの支払い方法には、①元利均等返済方式によるものと、②元金均等返済方式によるものの2種類があります。

住宅ローンの支払い方法は、通常であれば「①元利均等返済方式」で支払います。「元利均等」とは、元金部分と利息部分を足した額の支払いが毎月ずっと同じという意味です。返済の途中で一部繰り上げ返済をしたりしない限り、同じ金額を毎月支払うものです。

もう一つの支払い方法が「②元金均等返済方式」です。「元金均等」とは、借り入れた金額（元金）を毎月均等に返済していき、利息はその時点の残りの借入額分に比例して支払う方法です。

月々の支払額は、返済しはじめた当初が一番多く、支払いが進むとともに徐々に減っていきます。

■「元利均等返済」と「元金均等返済」の違い

元利均等返済

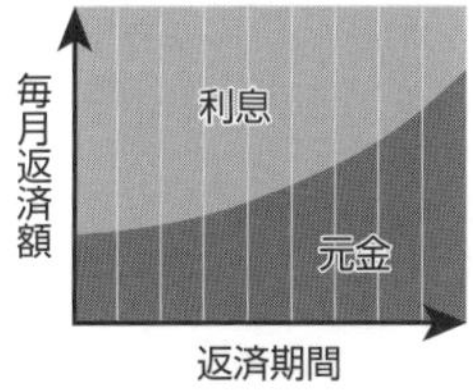

○毎月の返済額は同じ
○支払い利息が多くなる
○はじめは利息の支払い分が多い
（元金の返済が遅れる）

元金均等返済

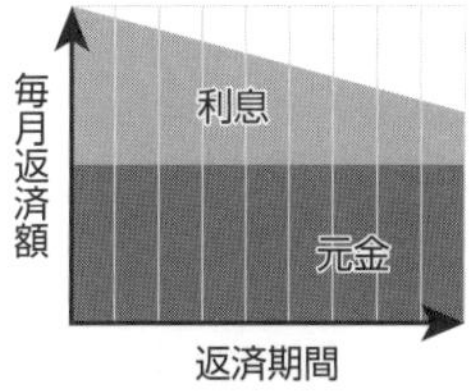

○毎月返済額ははじめが多く
徐々に少なくなる
○元金は均等に減っていく
○元利均等よりも利息が少ない

■返済方式の違いによる月々返済額と支払い利息の差

借入金額　3500万円、金利1.0%、返済期間35年

①「元利均等返済方式」による月々返済額 毎月 98,800円均一

②「元金均等返済方式」による月々返済額

（単位：円）

初回額	112,499				
2年目	111,666	13年目	102,499	24年目	93,333
3年目	110,833	14年目	101,666	25年目	92,500
4年目	109,999	15年目	100,833	26年目	91,667
5年目	109,166	16年目	99,999	27年目	90,834
6年目	108,333	17年目	99,166	28年目	90,000
7年目	107,499	18年目	98,333	29年目	89,167
8年目	106,666	19年目	97,499	30年目	88,334
9年目	105,833	20年目	96,666	31年目	87,500
10年目	104,999	21年目	95,833	32年目	86,667
11年目	104,166	22年目	94,999	33年目	85,834
12年目	103,333	23年目	94,166	34年目	85,000
				35年目	84,167

	元利均等返済方式	元金均等返済方式
返済総額	41,495,779円	41,139,396円
支払利息額	6,495,779円	6,139,396円
支払利息の差額	①－② 356,383円	

①と②を比べると、後者の「**②元金均等返済方式**」**のほうが、やや金利分の支払いが少なくて済む**という利点があります。

さらに、老後の時期に差しかかった頃には月々に支払う返済額が徐々に減っているため、老後における生活費の調整をしやすいことも注目に値します。

とくに、退職したあとのローンの支払いについて、年金だけでどれだけ生活費を充実させられるか、退職金でローンを完済してしまうと、その後の生活費に窮する恐れもあり、どうしても不安が残ります。

その点において、②元金均等返済方式による返済方法は、後々の返済額を削減させる支払い方法として、老後生活費に対する対処法となり得ます。

ただし、借り入れた当初は月々の支払額はやや高めになるため、元金均等返済方式による支払い方法では、物件価格を低くする必要もありますので注意してください。

第6章

中古一戸建てに関する国の政策やお金の基礎知識

1 「安心R住宅」で中古戸建て売買はこう変わる

○安心できる中古住宅の基準となる「安心R住宅」制度とは

「安心R住宅」とは、中古住宅を買うにあたり、さまざまあるマイナスイメージを払拭すべく、国土交通省の主導のもと、国に登録された事業者団体が定めた基準をクリアした中古住宅について、専用のロゴ・マークの使用を認めて一定のお墨付きを与え、中古住宅取引の活性化をはかる制度です。

これまで、「中古住宅は何かと不安」「新築に比べて、中古はやっぱり汚い」「中古住宅を買いたいけれど、いろいろとわからないことが多い」など、中古住宅の取引にはマイナスイメージや不安な点がありました。

■「安心R住宅」とは

●「安心R住宅」とは、
耐震性があり、インスペクション（建物状況調査等）が行われた住宅であって、リフォーム等について情報提供が行われる既存住宅をいいます。具体的には、以下の要件を満たすもの。
⑴耐震性等の基礎的な品質を備えている
⑵リフォームを実施済みまたはリフォーム提案がついている
⑶点検記録等の保管状況について情報提供が行われる

●「安心」とは、
⑴新耐震基準等に適合する、
⑵インスペクションの結果、構造上の不具合及び雨漏りが認められず、既存住宅売買瑕疵保険の検査基準に適合していることを意味します。

●「安心 R 住宅」の「R」は、
Reuse（リユース、再利用）、
Reform（リフォーム、改装）、
Renovation（リノベーション、改修）を意味しています。

安心R住宅

「安心R住宅」のロゴマーク

※国土交通省HPより作成

これらを払拭するために導入されたのが「安心R住宅」です。

一定の耐震基準を満たす建物であることと、販売・売却をするための広告を出す時点で、「既存住宅売買瑕疵保険」の検査基準に合格している建物である必要があります。

「安心R住宅」としてロゴマークの使用が認められた建物は、これら耐震性と一定の保証に関する保険を付保し得る住宅であるといえます（ただし、当該耐震性に関しては、住宅ローン控除で必要とされる「耐震基準適合証明書」（196ページ参照）の取得基準とは若干異なります）。

また、「新築に比べて、中古住宅はやっぱり汚い」というイメージを払拭するため、**国**

に認められた事業者団体が定めたリフォーム実施基準に則ったリフォーム工事が行われているること、または、その基準に則ったリフォーム工事の見積もり書を提示することとされています。

このように、一定の基準に則ったリフォーム工事の見積もり金額がわかることで、購入した後にかかるかもしれないお金の目安がつきますから、中古住宅と新築住宅のどちらを選択すべきかの貴重な資料になるはずです。

そして、「中古住宅を買いたいけれど、いろいろとわからないことが多い」という買主の不安に対しては、国土交通省は「安心R住宅調査報告書」として、特定既存住宅情報提供事業者団体登録の規定に基づいた報告書を作成し、買主に情報提供をすることとしています。

情報提供の記載方法は、住宅記録や設計書面等に関するものについて「有」「無」「不明」の記載で提供されますので、「無」または「不明」の項目が多い住宅の場合には、情報不足という観点で住宅の選別をできるようになります。

「安心R住宅」のロゴマークがある中古住宅でなければ不良な建物であるというわけではありませんが、中古住宅流通の阻害要因とされる「不安」「汚い」「わからない」というマイナスイメージを払拭するための制度として今後普及することが見込まれます。

○国がロゴマークを使用する団体を審査・登録

中古住宅の流通促進のため、国は「安心R住宅」の商標の使用を希望する不動産事業者の団体を審査・登録し、ロゴマークの使用を許可します。
不動産事業者団体は、リフォームの基準及び商標の使用について事業者が守るべきルールなどを策定し、事業者の指導、監督を行います。
これによって事業者は、要件に合致した中古住宅について、団体の基準やルールにしたがって広告販売時に「安心R住宅」のロゴマークをつけることができます。

この場合の事業者とは、中古住宅を買い取ってリノベーション工事をしたうえで販売する売主不動産業者のほかに、一般の中古住宅の売主物件に「安心R住宅」を取得して、住まいを安心材料とともに売却することを目指す不動産仲介業者などが考えられます。

したがいまして、「安心R住宅」として登録される住宅はすべての中古住宅ではありません。

耐震性や構造上の性能をクリアしたものであり、一定のリフォーム工事の実施またはリフォーム工事の見積もりを行い、かつ、制度内容に基づく情報開示を行うなどの要件をすべて満たした中古住宅のみが「安心R住宅」のロゴマークを掲げて販売・売却を行えることになります。

○キーワードは「耐震性」「瑕疵保証保険」「建物調査報告書の開示」

「安心R住宅」に登録されるためのキーワードは、以下の三つです。

①「耐震性」

いわゆる新耐震基準（昭和56年〈1981年〉6月以降の建築）に適合する、または、これに準じた耐震基準を満たすものであることが要件となります。

②「瑕疵保証保険」

新築住宅では、もともと「住宅の品質確保の促進等に関する法律」などの法律によって、

■「住みたい」「買いたい」中古住宅へのキーワード

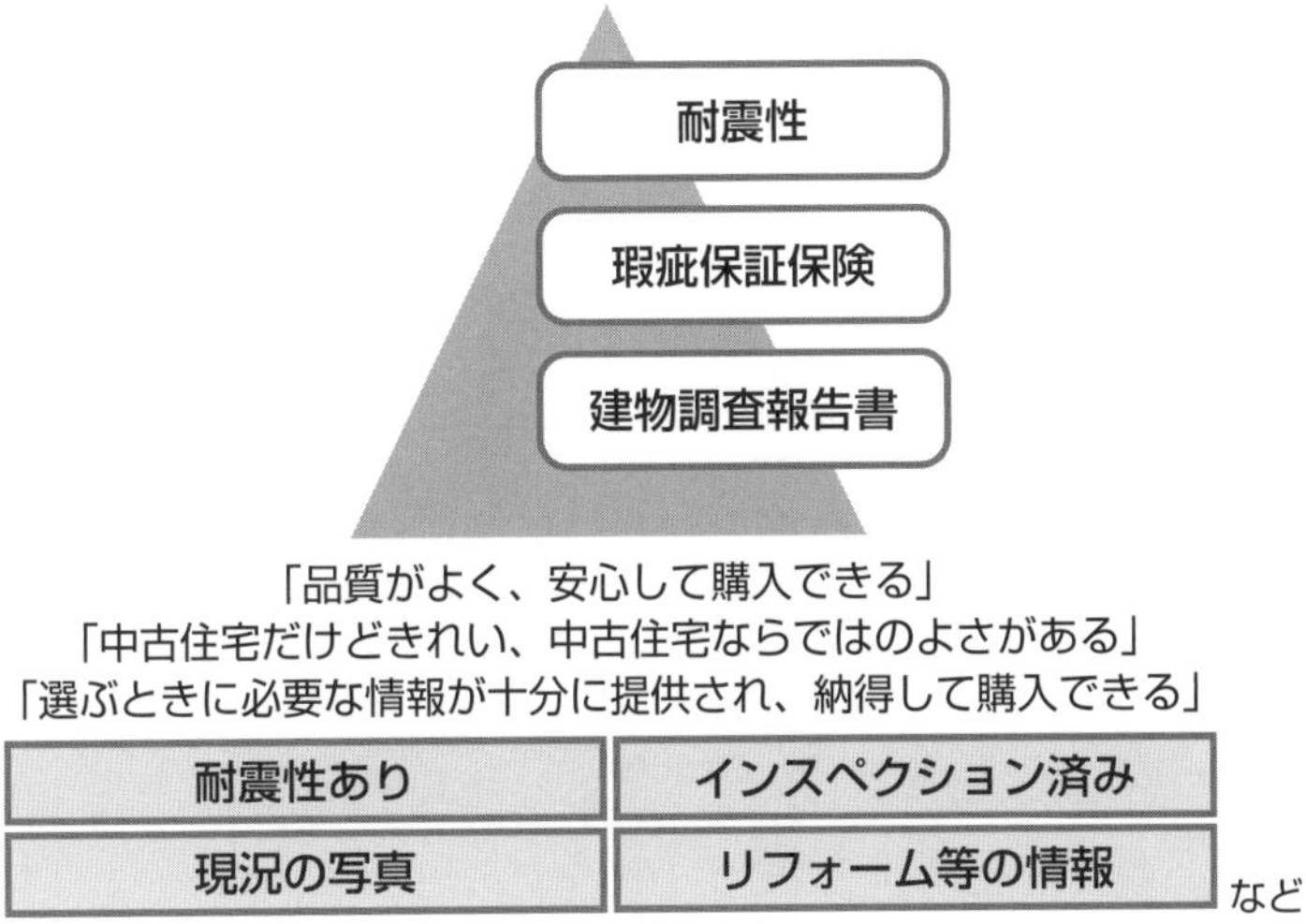
耐震性
瑕疵保証保険
建物調査報告書
「品質がよく、安心して購入できる」
「中古住宅だけどきれい、中古住宅ならではのよさがある」
「選ぶときに必要な情報が十分に提供され、納得して購入できる」
耐震性あり
インスペクション済み
現況の写真
リフォーム等の情報
など

一定の瑕疵《かし》（欠陥）に対して中長期の保証が義務付けられています。これに対して、一般売主が売却する中古住宅については、これら保証の部分が弱点でした。

「安心R住宅」では、販売・売却する時点で「既存住宅売買瑕疵保険」の検査基準に合格することが要件となっています。

この瑕疵保証保険を付す、または付保できる状態にすることにより、中古住宅の購入者は一定の欠陥などが見つかった際に、保険対応による補償が受けられることになります。

③「建物調査報告書の開示」

これまで中古住宅を売却する売主は、住宅に欠陥などが見つかってはかえってまずいという意向があったりして、住宅について診断調査を行うことを避ける傾向がありました。

「安心R住宅」では、登録にあたってあらかじめ建築士などによるインスペクション（建物診断）が行われます。

そして、買主に対して、建物の状況についてまとめられた建物調査報告書などによる情報開示をはかることが求められます。

この他にも、必要なリフォーム工事に関してあらかじめリフォーム工事が実施されるか、適切なリフォーム工事に関する見積書などが付け加えられますので、購入検討者にとってはよい参考資料となります。

○「安心R住宅」を不動産業者の選定基準に活用する

中古住宅の購入に関して、有効なものとなり得る「安心R住宅」制度ですが、問題や課題がまったくないわけではありません。

その一つとして、「安心R住宅」登録の際に、一般の売主または不動産業者のコストが増大すること、また、登録されるまでに時間や手間もかかるために、はじめからこの制度自体を敬遠することも考えられます。そのため、実際に活用する不動産業者がなかなか増えない恐れがあります。

また、安心R住宅は「既存住宅売買瑕疵保険」の検査基準に合格したものですが、この保険が適用される補償内容に、水まわりなどの設備に関する補償が含まれない場合があります。

給排水管や給排水設備、電気設備については、保険法人によっては保険対象としていないところもありますので、保険内容をきちんと確認・精査することが必要です。

このように、「安心R住宅」制度は有用ですが、どちらかといえばやや複雑な制度なので、逆にいえば、**この制度について正しく理解をし、きちんと説明ができる不動産業者であれば、顧客に正しい住まい選択を促すことができる業者であると考えることができます。**

単に、「一定のお墨付きが得られた中古住宅です」とだけ説明をするようでは、最適な住まいを紹介しようという考えが薄いかもしれません。

このような制度のもと、買う側の意識が少しずつ変わることにより、紹介をする側の不動産業者にとって都合のよいものだけを紹介する業者は、だんだんと淘汰される流れになると考えられます。

2 これからの中古住宅市場はこう変わる！

○木造建物の価値は25年ほどでゼロという常識が変わりつつある

これまで、木造住宅の耐用年数はおおよそ20～25年程度とされ、住宅が新築されてから解体されるまでの年数は平均して30年程度と短いものでした。

その耐用年数の根拠は、主に会計や税金上の計算において使用される「法定耐用年数」がこのような年数で規定されており、住宅ローン融資を行う金融機関などは、上記年数を超えた木造建物の評価をほぼゼロ価値として融資審査を行ってきたことなども深く関係しています。

それゆえ、まだ使用できる住宅を解体撤去させやすくしてしまうことは環境への負荷が大きいだけでなく、住まいにおける将来の資産性を減退させることにもつながります。

■住宅建物の「法定耐用年数」の移り変わり

住宅建物の構造種別	大正7年	昭和12年	昭和17年	昭和22年	昭和26年	昭和41年	平成10年
ＳＲＣ造・ＲＣ造	100年	80年	60年	80年	75年	60年	47年
鉄骨造	100年	80年	60年	80年	50年	40年	34年
木造	35年	30年	25年	30年	30年	24年	22年
木造モルタル					27年	22年	20年

SRC：鉄骨鉄筋コンクリート
RC：鉄筋コンクリート

これまで税制における減価償却で用いられる「法定耐用年数」が事実上の指標となり、木造住宅の耐用年数は、20～25年程度と一律にとらえられがちだった

しかしながら今後は、木造住宅が20～25年程度で建物価値が一律ほぼゼロとする評価の慣行を改め、中古住宅の評価については、できるだけ「人が居住する」という住宅本来の機能に着目した価値に評価を改めようとしています。

確かに、木造住宅というものは、おおよそ20～25年程度の経過年数で人が住めなくなるようなものではありませんので、適切なリフォーム工事や改修工事が行われれば、基礎や躯体の機能が失われない限り、住宅の価値は何度でも回復・向上するものととらえるべきであると感じます。

少々難しい定義ですが、法定耐用年数ではなく、「**期待耐用年数**」といわれる「建物が

通常想定される自然条件で標準的な維持管理がされた場合に必要とされる使用価値を維持し得る期間」という建物本来のあり方により、**木造建物の構造躯体については30～50年程度が耐用年数ととらえられる流れに向かいつつあります。**

このような期待耐用年数の考え方は、木造建物の資産価値のとらえ方を、根本から変えるものとなります。

将来的な木造建物の資産価値は、住まいとしての経済価値に焦点が当てられ、おおよそ一律単純に20～25年で建物価格がゼロになるとはされない評価に改められつつあり、このことは、今後、中古住宅の資産性の向上に資するものと考えます。

○「住宅建物インスペクション」とはどのようなものか

平成30年（2018年）4月より、宅地建物取引業法の改正に伴い、中古建物の取引の際にはインスペクション（建物診断）に関する適切な説明（斡旋）が不可欠なものとなりました。

インスペクションとは、建物状況調査、建物診断、あるいは住宅診断などともいわれ、住宅の設計・施工に詳しい建築士などの専門家が住宅の劣化状況について調査を行い、欠陥の有無や補修すべき箇所やその時期などを客観的に診断するというものです。

建物の状況調査は、基本的には国の登録を受けた既存住宅状況調査技術者講習を修了した建築士（既存住宅状況調査技術者）が実施するものとされます。

インスペクションを利用する場面については、以下のような場合が考えられます。

・日常生活に支障をきたしているなど不具合箇所を詳細に調査して修繕工事をするとき
・中古住宅の売買時に修繕工事の必要性等を把握しようとするとき
・リフォーム工事の実施前に工事の対象範囲を特定しようとするとき
・建物の維持管理のため、定期的な点検を通じて現況を把握しようとするとき

などです。

インスペクションの内容は、外装や内装に関する点検及び点検口からの目視による診断が基本ですが、依頼者の要望によってさまざまな専門的な機器を使用し、床下や天井裏な

どの内部に立ち入って診断する場合もあります。

ホームインスペクションを行う際の費用は、目視による標準的な診断（一次的インスペクション）で5万円程度が一般的で、重要事項説明書の説明として想定されているのは、標準的な診断である一次的インスペクションとされます。

また、標準的な一次的インスペクションにおける検査対象は、おおまかに、

①構造耐力上の安全性に関するもの、
②雨漏り・水漏れが発生していないか、または、発生する可能性はあるか、
③設備配管に日常生活上支障のある劣化等が生じていないか

などです。

実施する業者にもよりますが、左ページ表のように検査項目は多数に及びます。

○「既存住宅売買瑕疵保険」制度は中古戸建て取引の救世主

「既存住宅売買瑕疵《かし》保険」とは、消費者が安心して中古住宅を購入取得できるよう、一定の資格を有した建築士による検査と補償が組み合わされた保険制度のことをいいます。

■ホームインスペクションの一般的な費用

診断内容	建物面積	概算費用
簡易診断（目視によるもの）	100㎡程度（30坪程度）の場合	一般的に5万～10万円程度
進入調査（床下・屋根裏への進入を伴うもの）		10万円以上となることも
詳細診断（専用機材等使用）		調査内容による

	インスペクション項目例
外まわり	基礎及び外壁の亀裂
	鉄筋の露出
	シーリング材の劣化
	外壁の腐食・変色・雨漏り
	バルコニーの防水
室内	壁・柱・はりの状態
	内装材の浮き・剥がれ
	内装材の腐食・カビの有無
	天井材の腐食・カビの有無
	階段の構造状態
	建具関係の不良
	柱・床の水平度

	インスペクション項目例
天井裏	金具類の緩み・腐食
	換気ダクトの接続不良
設備	換気設備の動作状態
	給湯器周辺の状態
	給排水管の接続不良
床下・基礎	漏水・水たまりの有無
	金具類の緩み・腐食
	部材や接合部の状態
	配管の貫通・固定状況
	清潔であるかの状況
	点検口等の不良

この保険制度は、国土交通大臣が指定した住宅瑕疵担保責任保険法人が引き受けたものです。

中古住宅の売買には、宅建業者である不動産業者が売主となるもの（いわゆるリノベーション住宅など）と、一般の方が住宅を売却するなどの二つの場合がありますので、それぞれの場合で、適用される保険制度は異なります。

宅建業者が保有して販売を行う住宅の場合は、もともと宅建業法に基づいて2年以上の瑕疵担保責任を負うことが法律で義務付けられていますので、宅建業者がこの瑕疵担保責任を履行したことによる損害をてん補する内容となります。

他方、後者の**宅建業者以外の一般の方が売主となる中古住宅に関しては、瑕疵担保責任が法律で必ずしも義務付けられていません。**このため、検査機関が検査を実施し、隠れた瑕疵によって生じた買主の損害に対する補償責任に関し、保険法人が保険を引き受ける制度となっています。

瑕疵保険の対象となる箇所が住宅のどの部分になるのかについても注意が必要です。

■保険の対象となる住宅の部分（木造在来工法の戸建ての例）

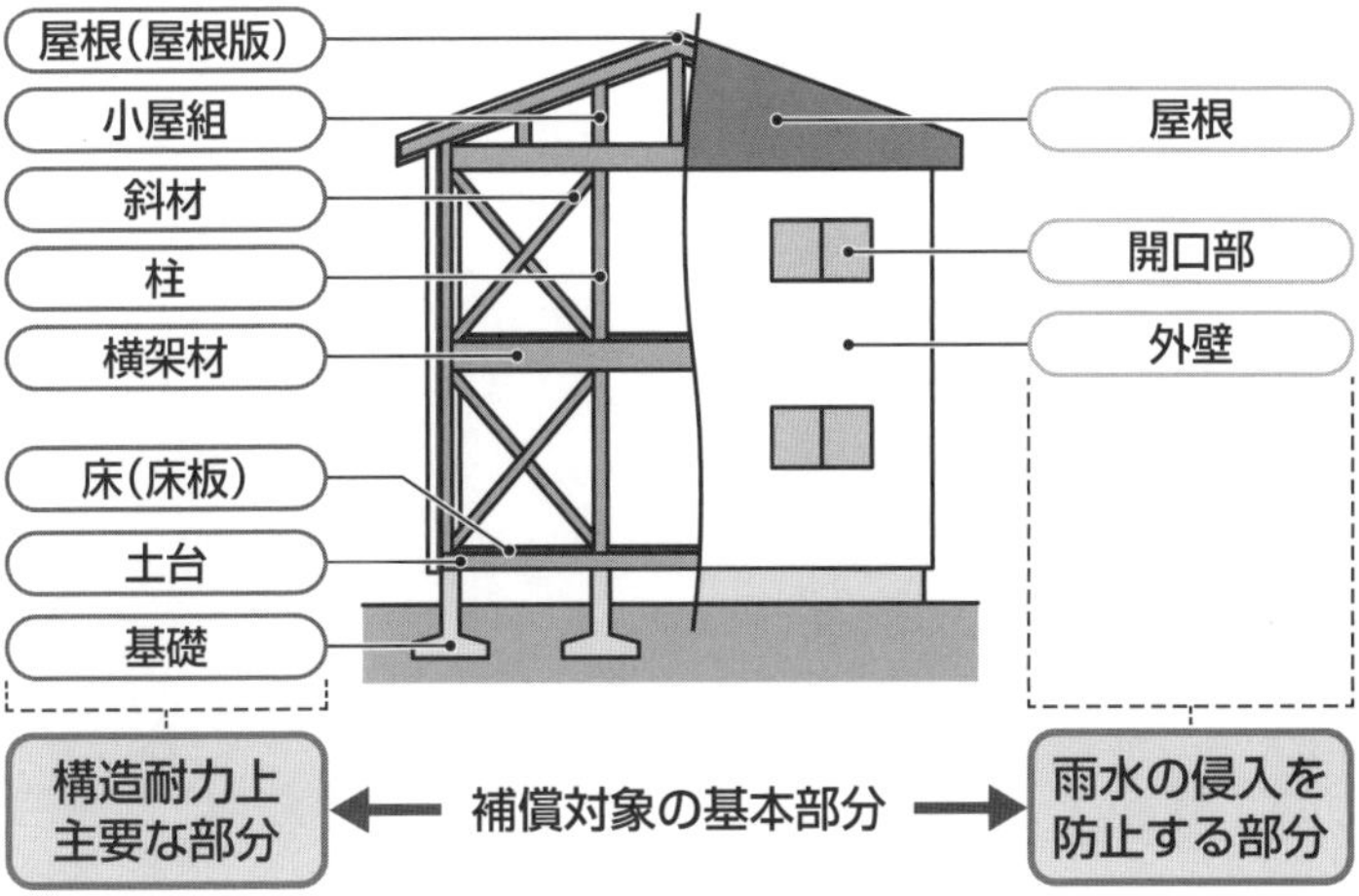

※首都圏既存住宅流通推進協議会パンフレットより

既存住宅売買瑕疵保険の補償対象は、おおまかに「構造耐力上主要な部分」及び「雨水の侵入を防止する部分」の二つとなります（上図参照）。

構造耐力上主要な部分とは、具体的には、屋根板、小屋組み、斜材、柱、横架材、床板、土台、基礎などの部分をいい、要するに、地震が生じた際に、住宅が倒壊などしないよう支える部分をいいます。

これに対して、雨水の侵入を防止する部分とは、屋根、開口部、外壁などの部分をいいます。

木造に限らず、建物は水の侵入により劣化が激しくなりますので、雨水の侵入に関する部分は構造耐力上主要な部分と同等に大事な構成部となります。

このように、保険の対象となる箇所は主に上記二つの項目となりますが、保険の内容によっては、一定の設備（給排水・電気・ガス設備）に関する瑕疵も補償対象になります。ただし、設備への補償が対象となる保険は一般的に例外となりますので、設備関連への補償が対象となるか、事前に確認することが必要となります。

また、リフォーム工事を対象とする「リフォーム瑕疵保険」については別の契約になります。

一般の方が売主である中古住宅について購入を検討をしているのであれば、買主側で付保する保険期間を何年にするか、また保険金が払われる場合の保険金額の上限金額をいくらにするかなどを検討する必要があります。

○「住宅履歴情報」制度とはどのようなものか

「住宅履歴情報」とは、いつだれが、どのように住宅を新築し、また修繕改修やリフォームを行ったかなどを記録した住まいの履歴書のようなものです。

住宅の所有者が蓄積・活用してゆくためのもので、住宅の設計、施工、維持管理、権利及び資産などに関する情報が記されています。

128ページのコラムで述べた「長期優良住宅」に認定された住宅は、この住宅履歴情報を整備し保管することが義務付けられています。


住宅を長持ちさせ、資産価値を保つには、最初に丈夫な家を作るだけではなく、定期的な点検や適切な修繕などの維持管理が行われることが必要です。

住宅に施された維持管理を適切な状態で保持してゆくことで、将来、住宅を売却する際に、買主に対して安心・納得して売却してもらえるだけではなく、住宅の資産価値の適切な評価につながることになります。


戸建て住宅の場合、リフォーム工事事業者やメンテナンス事業を行う事業者等と、「修繕計画」「点検・診断」「修繕」「改修・リフォーム」に関する情報をやり取りして情報の蓄積を行います。

蓄積・更新された情報は、いつどのような維持管理が行われたかを表や図面に記録する

「情報更新台帳・図面」で整理され、工事等を行った事業者が住宅所有者に渡します。

また、このような「情報更新台帳・図面」などの情報は、一括して保管する情報サービス機関を利用することも考えられます。

なお、住宅履歴情報の蓄積・活用については、長期優良住宅の認定を受けた住宅のみならず、新築・中古を問わず、すべての住宅に備えられることが望まれます。

3 中古住宅に関するお金について

○親や祖父母からもらった住宅資金は贈与税が非課税に

平成33年（２０２１年）12月31日までに父母・祖父母など直系尊属から住宅取得等資金（金銭）の贈与を受けた場合、左記の非課税限度額までの金額であれば、贈与税は非課税とされます（２０１８年6月現在）。

そもそも、贈与税とは何のために課される税金であるかといえば、生前に資産や財産を相続人に贈与してしまうことで相続税を免れるようなことのないよう、相続税よりも税率を高く課して相続税逃れを防ぐための税金です。

ただし政府は、若い世代に住宅を購入しやすくすることで、家電製品や家財などの購入を促し経済効果をはかる目的で、親などからもらった住宅取得資金については、一定金額

■住宅取得等資金の贈与税の非課税限度額（省エネ等住宅以外）

1　下記２以外の場合

住宅用の家屋の新築等に係る契約の締結日	非課税限度額
平成27年12月31日まで	1000万円
平成28年１月１日から平成32年３月31日まで	700万円
平成32年４月１日から平成33年３月31日まで	500万円
平成33年４月１日から平成33年12月31日まで	300万円

2　住宅用の家屋の新築等に係る対価等の額に含まれる消費税等の税率が10％である場合(注)

住宅用の家屋の新築等に係る契約の締結日	非課税限度額
平成31年４月１日から平成32年３月31日まで	2500万円
平成32年４月１日から平成33年３月31日まで	1000万円
平成33年４月１日から平成33年12月31日まで	700万円

（注）住宅用の家屋の新築等に係る対価等の額に含まれる消費税等の税率
個人間の売買で、建築後使用されたことのある住宅用の家屋（中古住宅）を取得する場合には、原則として消費税等がかかりませんので上記２の表には該当しません。

まで贈与税を課さないものとしているのです。

この贈与税の非課税対象とされる住宅資金の要件として、

①住宅取得等資金の贈与であること（住宅用家屋そのものの贈与は適用外）

②住宅取得等資金の全額を、日本国内で住宅用家屋の新築等にあてること

③贈与を受けた日の属する年の１月１日において20歳以上の者（贈与者の年齢要件はない）

④贈与を受けた年の合計所得金額が２０００万円以下の者

などがあり、また取得する住宅についても一定の面積要件など、細かな要件が

あります。

一点、親御さんや祖父母から住宅資金の贈与を受けた方に対してアドバイスすることとしては、「贈与を受けた金額の分だけ購入する住宅価格を引き上げようとせず、全額頭金にして、住宅ローンの借り入れを少なくするべき」ということです。

なぜなら、子供や孫に住宅購入の資金を出す親御さんや祖父母の共通の願いとして、住宅ローン破産に導かせたくないという想いがあります。

そのようなご心配に対し、親孝行、祖父母孝行の意味からも、贈与を受けた資金によって、なるべく借金を減らすことを念頭に置いていただきたいのです。

○消費税率の上昇と中古住宅の価格について

消費税率は、これからも上がっていく可能性があります。しかし、そもそも一般の方が有する中古住宅を売買する場合には、消費税はかかりません。

なぜなら、消費税が課される取引とは、主に日本国内で事業者が事業として対価を得るために譲渡などを行う取引のことであり、一般の方が自宅を売却する行為は事業とはみなされないからです。

それに対して、不動産業者などが住宅を買い取ったうえでリフォーム工事をして転売をする行為は事業とみなされます。ゆえに、不動産業者が売主である、いわゆるリノベーション住宅などは、消費税が課されることになります（この場合、消費税がかかるのは建物の価格に相当する分で、土地の価格にはかかりません）。


このことから考えれば、将来、消費税率が上がっても、一般の方が有する住宅の売却については、直接には影響を受けないことになります。

対して、不動産業者などが売主である中古住宅について、消費税率の変更により価格上昇の影響を受けるかといえば、消費税率の上昇分がそのまま価格に転嫁されるとはあまり考えにくいと思われます。なぜなら、不動産取引には周辺相場というものがありますので、単純に価格を上げてしまうと、スムーズな売却ができなくなる場合があるからです。

むしろ、消費税率が上げられた後の経済動向の冷え込みにより、不動産価格はある程度下落することも十分考えられます。

したがいまして、中古住宅の購入を検討するのであれば、消費税に関連して駆け込みで選んでしまうようなことのないようにしていただきたいものです。

おわりに

本書では、私（西尾英樹）がこれまで3000件を超える住宅の検査や点検、コンサルティングを行うなかで培った、「中古一戸建ての建物のチェック方法」を、はじめて本にまとめました（第3章）。

私は、不動産のプロ向けや、プロになろうとしている方々に対して一戸建て住宅やマンションの引渡前検査の実施方法を研修等でお伝えしていましたが、なぜ今回、これから中古一戸建ての購入を検討している方向けに執筆をしたのか。これには理由があります。

人生で最大の買い物といわれる一戸建てを買う方は、誰しもが幸せで笑顔あふれる未来を想像しながら購入を決めています。

もちろん、その多くの方は幸せな生活をスタートさせ、その生活が続きます。ですが一方で、購入した住宅に何らかの問題があり、買ったことを後悔している方も少なからずいらっしゃいます。

人生で一番高い買い物だからこそ、正しい知識で正しい判断をし、家族全員で「この家にしてよかったね」といえる家選びをしてほしいと願っています。

「中古一戸建て」は政府の後押しもあり、今後ますます市場が拡大していくと予想されます。

購入者にとっても、物件の選択肢が広がっていくことが期待できます。

一戸建て住宅が今までよりも買いやすくなっていくのはよいことですが、しかし、一戸建てというと多くの方が新築に目が向いているのも事実です。

おトクな価格で、いい物件を、安心して購入できる中古一戸建てに対する認識が広がり、日本においても中古一戸建ての流通が欧米並みに広がっていくことを期待しています。

そのためにも、購入を検討している方々に中古一戸建てについての正しい情報、正しい選び方をお伝えしたいと思い、本書を執筆いたしました。一人でも多くの方の元に届き、家選びのバイブルとして活用いただければ幸いです。

最後になりましたが、この本の出版に関わっていただいた多くの皆様に心から感謝申し上げます。

本書の企画段階から練り上げてくださった日本実業出版社編集部、執筆に専念できるようサポートしてくれた弊社スタッフの皆さん、そして、共著として本書の執筆を主導してくださった不動産鑑定士の松本智治先生、その他すべての皆様のご協力に厚く御礼申し上げます。

そして、本書を最後までお読みいただいた読者の皆様へ感謝申し上げます。本当にありがとうございました。

西尾英樹

松本智治（まつもと　ともはる）
不動産鑑定評価システム代表、不動産鑑定士。大学卒業後、不動産鑑定事務所、不動産仲介業、戸建て分譲デベロッパーを経て独立。投資用不動産調査や事業用不動産コンサル業務、中古戸建ての有効活用による街づくり活性化事業、不動産セミナー講師などを行う。住宅仲介会社では契約取引業務、戸建て分譲デベロッパーでは用地の仕入れから販売まで1000戸以上に関わる。著書に『家を買って得する人、損する人』（ダイヤモンド社）がある。

西尾英樹（にしお　ひでき）
株式会社プレジャーデザイン代表取締役、住宅メンテナンス診断士。神奈川大学卒業後、建設会社に入社し、一戸建て住宅の引き渡し前の検査や、定期点検事業に従事。のべ3000件以上の住宅に訪問し、家選びで成功した人と失敗した人に出会う。その後、自身の現場経験や部下の指導経験を基に、素人でも実践できる検査手法を開発。現在は建設会社・リフォーム会社・不動産会社等の経営コンサルタントとして、人材育成や職人に対しての技術教育に携わる。著書に『実践版 30日で人を「育てる」技術』（秀和システム）がある。

中古一戸建《ちゅうこいっこだ》て　本当《ほんとう》にかしこい買《か》い方《かた》・選《えら》び方《かた》

2018年8月1日　初版発行

著　者　松本智治 ©T.Matsumoto 2018
　　　　西尾英樹 ©H.Nishio 2018
発行者　吉田啓二

発行所　株式会社 日本実業出版社　東京都新宿区市谷本村町3-29 〒162-0845
大阪市北区西天満6-8-1 〒530-0047
編集部 ☎03-3268-5651
営業部 ☎03-3268-5161　振　替　00170-1-25349
https://www.njg.co.jp/

印 刷／三省堂印刷　製 本／共 栄 社

この本の内容についてのお問合せは、書面かFAX（03-3268-0832）にてお願い致します。
落丁・乱丁本は、送料小社負担にて、お取り替え致します。

ISBN 978-4-534-05610-8 Printed in JAPAN

日本実業出版社の本

不動産・建築・お金のプロが教える
中古住宅の本当にかしこい買い方
高橋正典・富田和嗣・後藤浩之
定価 本体 1500円（税別）

不動産屋・一級建築士・ＦＰ、プロ３人の知識を総動員！　安心・安全な中古住宅の選び方から、リフォーム&リノベーションのノウハウ、無理のない住宅ローンの借り方まで、トクする「家」の買い方を教えます。

家を買うときに「お金で損したくない人」が読む本
千日太郎　定価 本体 1500円（税別）

マイホームという人生最大の買い物に際し、初心者が百戦錬磨のプロを相手に「家選びとお金」で損をしないためのポイントは？「家と住宅ローンの専門家」の現役公認会計士が、「ホンネの話」を教えます。

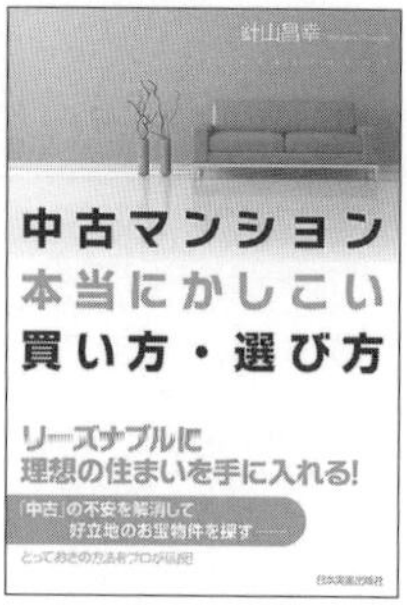

中古マンション 本当にかしこい買い方・選び方
針山昌幸　定価 本体 1400円（税別）

価格やライフスタイルに合ったリフォームなどを考えればメリットの大きい、中古マンションへのニーズが高まっている。日本初の不動産売買サイトを立ち上げた著者による中古マンション買い方バイブル。

※定価変更の場合はご了承ください。